스피노자

This book was published with the support of the Dutch Foundation for Literature.
이 책은 네덜란드 번역지원재단의 도움을 받아 출간했습니다.

Nederlands letterenfonds
dutch foundation for literature

De lens van Spinoza by Jaron Beekes

스피노자

그래픽 평전

글 · 그림 야론 베이커스
옮김 정신재 | 감수 서동욱

푸른
지식

야만에 맞선 철학자, 스피노자

나는 철학이라는 세계에 발을 들여놓은 이후 늘 스피노자를 감탄과 놀라움의 감정 속에 읽어왔다. 도저히 한 사람이 겪고 지나간 것이라고 믿기 어려운 그의 생애 역시 위대한 도전으로서 늘 마음을 먹먹하게 한다.

진리 대신 비합리적 권위가 지배하는 공동체로부터의 추방, 별다른 소유물이 없는 검소한 삶, 이성적 질서의 유지, 평정한 마음 등으로 짜인 스피노자의 한 평생은 경탄과 존경의 대상이지만, 감히 누군가에게 본받으라고 권유할 수 없을 정도로 대단한 노력을 필요로 하는 하나의 '작품'이다. '한 인생'이라는 이 작품은, 보수적인 정치 세력과 종교가 온갖 억압적인 협박으로 사람들의 영혼을 갉아 먹는데 맞서서, 진리를 합리적 정신 아래 보호하는 데 온전히 바쳐지고 있다. 이런 인생이 신화나 전설이 아니라 정말 실존했던 한 사람의 것이었다는 데 생각이 미치면 아찔한 낭떠러지를 바라보는 듯한 감정에 사로잡힌다.

스피노자가 태어난 17세기의 네덜란드는 호전적이며 보수적인 왕정의 옹호자들과 그 왕정과 결탁하는 미신적이고 권위적인 종교인들, 그리고 이에 맞서는 근대적 합리성의 정신들과 공화주의자들의 싸움터였다. 이 싸움이라는 표현은 그저 의회 같은 곳에서 일어나는 정치적 말싸움을 가리키는 은유 정도에 그치는 것이 아니다. 왕정과 종교적 권위의 옹호자들은 공화정을 이끌던 재상 요한 드 비트와 그의 형제를 길거리에서 학살하고 그 시체를 발가벗겨 갈기갈기 찢었다. 도둑떼나 쿠데타를 일으킨 군인들이 아니라 매일매일 예배를 올리는 일반 시민들이 그렇게 한 것이다. 그들의 마음속에 도대체 무엇이 들어서 있었던가?

"극악무도한 야만!(ultimi barbarorum!)"

이 싸움터에서 스피노자는 분노하지도 비탄에 빠지지도 않으면서, 기하학자가 도형을 바라보듯 왜곡된 사람들의 심성을 합리적으로 연구하려고 했다. 사람들은 왜 근거 없는 정치적 종교적 권위에 자발적으로 복종하는 것일까? 왜 사람들은 마치 자신들의 구원을 위한 것인 양 자신들의 예속을 위해 싸우고, 군주나 성직자 한 사람의 허영을 위해 피와 목숨을 바치는 것을 수치가 아니라 최고의 영예라 믿는 것일까? 인류의 가슴 속에 이런 '죽은 마음'이 도사리고 있기에 바로 권위의 우두머리인 왕들과 성직자들이 인간을 손쉽게 부릴 수 있는 것이 아닐까? 인류의 이 깊은 병을 어떻게 치유할 수 있을까?

스피노자는 자연 안에 있는 합리적 인과 법칙을 인식하지 못한 채, 그것을 신의 겁벌 같은 강제적이고 억압적인 명령으로 오해하고 무서워하는 인간의 몽매한 '상상'이 인간 스스로를 옭아매는 정신의 감옥을 만든다는 것을 발견했다. 인간이 몽매한 이상 그는 합리적 법칙 대신에 미신적인 견해에 귀 기울이며 공포 속에서 그에 굴종한다. 그리고 정치가들은 이 공포를 이용해 사람들을 자기 아래 복종시킨다.

스피노자는 정치가들과 종교인들이 겁주기 위해 이용하는 이 미신의 정체를 밝혀내고, 이

미신의 배후에서 우리에게 자연의 합리적인 원리를 이해할 것을 권유한다. 이것은 가짜 마법사를 과학의 힘으로 내쫓는 퇴마술과도 같은 것이며, 잘못 보는 우리 눈의 시력을 교정하기 위해 렌즈를 깎는 작업과도 같은 것이다.

스피노자의 책들을 통해 전해지는 이 시력 교정 프로그램은 한낱 지나간 역사의 한 페이지가 아니라 오늘날을 사는 우리에게도 절실하다. 당신의 삶을 돌아보라. 세상사에 도전하기 어렵게 만드는 얼마나 많은 허황된 겁주기, 근거 없는 권위들, 늘 잘못을 추궁하며 마음을 감옥으로 만드는 죄의식이 우리를 사로잡고 있는가? 마음을 갉아먹는 두려움 속에서 혼자 괴로워하기를 그치고, 분노 속에서 한탄하고 저주하기를 그치고, 당신이 당신 내면에서 스스로를 죽이는 깊은 병의 '원인'과 '결과'를 찬찬히 관찰하고 치유하려고 할 때 이미 당신은 스피노자주의자이다. "눈물 흘리지 마라, 화내지 마라, 이해하라."

스피노자의 책들은 그의 평정심을 반영하는 것처럼, 또는 기하학적 도형을 지나가는 엄밀한 선들처럼 감정 없는 문체로 쓰여 있다. 특별한 감정 없는 그 평온한 문체를 우리는 오늘날 남아있는 그의 초상화 속에서도 발견한다. 정치와 종교의 뿌리를 흔들리게 하는 저 놀라운 책들을 쓴 젊은이는 초상화 속에서 아무것도 내세우지 않은 채 자연의 질서에 순응하듯 고요한 마음을 얼굴에 담고 있다. 스피노자와 동향의 일러스트레이터 야론 베이커스의 펜 끝에서 살아나는 이 책의 스피노자와 17세기의 네덜란드 역시 그런 평온한 얼굴이다. 이 책은 전기적·철학적 측면의 각색이 없지 않다는 점에서 그래픽노블에 가깝지만, 여전히 스피노자의 정신을 담아내고 있는 드라마이다. 그러니 화가의 펜 끝에서 생겨난 이 평온한 선 밑에서 들끓는 불길을 보아야 한다. 그 불길은 바로 스피노자가 한번 체험하고 지나간 우리 자신의 삶이고 고통이다.

서동욱(서강대 철학과 교수)

이 책을 읽는 독자에게

신의 완벽함에 대해 끊임없이 질문을 던지던 한 철학자가 라틴어로 쓴 책이 어떻게 오늘날까지도 주목을 받을 수 있을까요? 그가 했던 질문에서 누구도 자유로울 수 없습니다. 오늘날 다른 많은 질문이 우리의 머릿속에 가득 차 있습니다. 신의 존재, 죽음에 대한 의문들은 아직도 해결되지 못한 질문들입니다.

여러분은 이 책을 읽을 필요가 없다고 생각할지도 모릅니다. 하지만 다른 관점에서 한번 생각해 보시기 바랍니다. 진실을 추구하기 위해 집과 가족을 버릴 수 있으십니까? 과연 그럴 수 있을까요? 스피노자는 그렇게 했습니다. 그리고 진실에 대한 추구를 멈추지 않았습니다. 그는 혁명의 중심에 서 있었습니다. 그는 지성과 학문을 추구하기 위한 언어로써 라틴어를 택하였고, 철학에 대한 전율을 느끼며 집을 떠났습니다. 이 책을 보면 바루흐/벤토/베네딕투스 스피노자는 어려운 결정들을 직면한, 실제적인 피와 살이 있는 한 인간으로서 우리를 만나고 있습니다. 이 점은 우리로 하여금 철학이 단순히 이론에 불과한 게 아니라 실제적인 인간들의 삶과 생활, 경험에서 나온다는 점을 시사합니다.

스피노자가 쓴 글은 신학처럼 보이지만 사실은 카모플라쥬(위장)입니다. 스피노자는 완벽한 신이 세상을 창조하였다면 세상 또한 완벽해야 한다고 생각했습니다. 왜냐하면 완벽한 존재가 불완전한 것을 창조할 수 없다고 생각했기 때문입니다.

그리고 세상이 완벽하다면, 모든 것은 필연적으로 일어나며 신이 개입할 수 없습니다. 기적 또한 존재할 수 없고, 기도 또한 응답받을 수 없습니다. 신은 아무것도 하지 않을 것입니다. 신이란 건 스피노자에 따르면 자연법칙을 말하는 또 다른 단어입니다.

그러므로 남은 건 우리입니다. 우리가 사는 세계에 남겨진 숙제가 있습니다. 우리는 기도할 신도, 우리 뒤에 숨어 있는 자도 없습니다. 좋은 삶을 살고 싶으신가요? 그러면 삶을 즐기십시오. 그리고 다른 이들이 삶을 즐기는 걸 도와주십시오. 사람이 잠재력이 있게 삶을 살아가는데 이보다 더 큰 것은 없습니다.

이 책은 독자들이 더 깊고 풍부하게 삶을 살아가는 데 도움을 줄 것입니다. 스피노자가 한 말을 기억하십시오. "무지에는 용서가 없다(Ignorantia non est argumentum)."

필리프 블롬 *Philipp Blom*

“자유로운 사람은 죽음도 그 무엇도 두렵지 않네.
물방울이 바다에 떨어지기를 두려워하던가?”

프 롤 로 그

가증한 이단

네덜란드 연방 공화국,
1656년 7월 27일
AMSTEL
Verwers Graft
암스테르담의
유대인 지구

포르투갈-유대인 공동체는 긴급한 현안 때문에
탈무드 토라 시나고그*에 모여 있었습니다.
가증한 이단
가증한 행동과 생각
천사와 사탄의 정의에 따라서, 우리는 스피노자를 저주하고, 추방하고, 권리를 박탈한다!
그는 낮에도 밤에도 저주를 받을 것이다.
그는 누워 있을 때에도, 서 있을 때에도 저주를 받을 것이다.
그는 갈 때에도, 올 때에도 저주를 받을 것이다.

* 유대인 공회당.

이 자는 거룩한 토라에 의거해서 거룩하신 하나님의 허락에 따라 이스라엘 민족과 그 공동체 전체로부터 추방되었다.
누구도 저자에 대해 말하지 마라.
누구도 저자에 대해 글을 쓰지 마라.
누구도 저자에게 호의를 베풀지 마라.
누구도 저자가 지붕 밑에 쉬도록 하지 마라.
누구도 저자가 자기의 마당으로 들어오지 못하게 하라.
누구도 저자가 쓴 글을 읽어서는 안 된다.

누구도 저자에게 호의를 베풀지 말라. 하나님께서 저자의 이름을 하늘 아래에서부터 멸하실 것이며, 율법책에 의거하여 저자에게 하늘의 모든 저주를 내려 이스라엘 민족에서 쫓아내실 것이다.

아하,
생각보다 낫군?!

전 늘 쫓겨나길 바라왔거든요,
안 그랬더라면 저 스스로 박차고 나갔을 겁니다.
하지만 이것이 여러분의 뜻이라면,
기꺼이 나가는 것도 제 기쁨이지요.
비록 저는 떠나지만, 이집트를 탈출하던
저 유대인들보다 무고합니다.
이것만이 지금 저에게 참된 위로가 되는군요.

어떻게 저자가 감히?
유대인의 수치로다.
미친 자로구나.
저런 자가 이곳에 있다니.
저 아이는 정말 좋은 제자였지.
똑똑한 청년인데다가, 최고의 상인이 될 자질이 있었는데.
게다가 잘생겼지. 하지만 이제 아무도 그를 원하지 않네.
저 아이의 부모님이 이 꼴을 보지 않아도 되니 이 얼마나 다행인가.

그날, 포르투갈 출신 유대인 장로들은 스피노자에게 사상 최고로 무거운 저주를 선고하였습니다.
하지만 갓 23살 정도 된 이 청년은 이에 대해 크게 개의치 않는 것처럼 보였습니다.
오히려 그는 자신만의 길을 가고 싶어 했습니다.

사실 스피노자가 '이단 논박'이나 '수치스런 행위'의 명목으로 재판에 회부된 것은 알 수 없는 일이었습니다.
그 시절 그는 어떠한 책을 출판한 적도 없었고, 꽤 잘나가는 상인의 삶을 살고 있었던 데다가, 잘만 하면 랍비가 될지도 모르는 상황이었습니다.

그런 그가 어쩌다 이 지경까지 오게 되었을까요?
어찌하여 자기 주변의 모든 것이 무너지는데도 별로 개의치 않게 되었을까요?

유대사회의 변절자이자, 상인이자 렌즈세공업자로서 삶을 살았던 이 패기 넘치는 청년 바루흐 데 스피노자는 어떤 사람이었을까요?

또한 그는 어떻게 해서 표현과 자유의 상징이자 의무의 기둥으로 자라나서 네덜란드의 위대한 철학자가 되었을까요?

1장

암스테르담의 유대인 가족

스피노자의 집, 1638년
바루흐! 바루흐!

식탁보는 잘 깔았니? 이제 곧 안식일의 시작이다.
아빠는 어디에 계시니?
우리 뭐 먹나요?

너는 학교에 다니는 아이가 뭐 이리 호기심이 많니? 쿨록! 네 동생을 좀 보렴. 최소한 집안일이라도 돕고 있잖니.

샤발 샬롬!*
아빠다!
이렇게 늦게까지 어디 있다 들어오시는 거예요?
하루 종일 라비가 약속했던 아몬드 파티를 기다리고 있었지. 아직 아무도 아몬드를 원하는 것 같진 않지만 말이다.
수입상들은 아직도 오로지 튤립에만 온 관심을 쏟는 거 같아. 튤립이라니! 여보, 이 상황이 이해가 되오?
이번 주에는 미친 네덜란드 놈들이 튤립 구근 하나에 2,500휠던을 부르더군! 그 정도면 집 한 채도 너끈히 사겠어!
진정하세요, 식사할 시간이에요.

* 히브리어로 '안녕한 안식일'이란 뜻

축복받은 주여,
콜록, 우리 신이자 세상의 왕이시여,
거룩하시고 콜록, 십계명으로
우리에게 명령하셨도다.*
아멘
아멘
아멘

* 히브리어 안식일 기도문. Baruch Atta Adonai elohenoe melech ha'olam asjer kidesjanoe bemitzwotav wetsiwande le hadlik ner sjel sjabbat.

얘들아, 오늘 하루는 무슨 일이 있었니? 예쉬바*에서는 어땠어? 히브리어는 좀 늘었니?
흥! 저는 아직도 우리가 왜 언어를 하나 더 배워야 하는지 이해가 안 돼요. 집에서는 포르투갈어를 쓰지, 학교에서는 스페인어에, 길거리에서는 네덜란드어… 이제는 히브리어까지 배워야 하나요?
상황을 즐기렴, 이삭. 넌 지금 선지자들이 사용하던 말을 배우고 있는 거란다.
우리가 포르투갈에 살 때만 해도….
아버지 말을 들으렴! 그리고 먹을 때 쩝쩝거리지 마라.
바루흐는 어땠니?
학교는 정말 신나는 곳이었어요, 아버지.
랍비 모르테라께서 장차 다가올 미래인 올람 하바에 대해서 랍비 아봅과 말다툼을 하셨어요. 랍비 모르테라 말씀으로는..

* 유대인 종교학교.

미슈나*를 읽으면 이런 말이 나온다.
"모든 이스라엘인들아 올람 하바를 대비하라."
이 말은 곧 하느님의 나라가 임할 거라는 뜻이란다.
그럼 그때 우리의 죄는 얼마나 무거운 것으로
판결이 날까?
자, 아론이 내일
빵 한 덩어리를 훔쳤다고
상상해 볼까.
제가요?
그래, 그리고 그다음 주에는
아론이 자기 부인을 속이고 부정행위를
저지르고, 그다음 해에는 자신의
아버지를 찔러 죽였다고
가정해 보자.
이런 죄를 범한 아론이
과연 천국에 들어갈 수 있을까?
단지 유대인이라는 이유 하나만으로?

* 히브리어. 구두로 가르침이란 뜻, 종교법들을 모아놓은 것.

...하지만 랍비 아봅께서는 생각이 다르셨어요.
모든 의로운 유대인들만 들어갈 수 있겠지! 왜 사람들이 의를 지키고자 노력한다고 생각하시오? 토라*를 지키지 않는 자는 벌을 피할 수 없기 때문이오!
탈무드에는 명확하게 이 점을 명시하고 있소. 모든 유대인은 장차 다가올 하느님의 나라에 들어갈 수 있으리라고!
벌이라고?! 거짓말! 기독교인들이나 하는 말을 하고 있구려. 도대체 어디서 나온 생각인가! 마이모니데스**가 주장한 그릇된 철학에서 나온 말인가?
그렇소, 내가 보기엔 랍비님도 한 번 읽어봐야 할 거 같소만? 어린 영혼을 현혹하는 뜬구름 같은 카발라***나 고수하지 말고?!
랍비 아봅은 물러가라!
카발라를 반대한다!
아슈케나짐은 물러가라!
마이모니데스를 반대한다!
랍비 모르테라는 물러가라!
기독교인들은 물러가라!
난 결코 빵을 훔치는 일 따위 하지 않을 거야!

* 구약성서의 첫 다섯 편으로 흔히 모세오경이나 모세율법이라고도 하며 유대교에서 가장 중요한 문서이다. 히브리어로 '가르침' 혹은 '법'을 뜻한다.(역주)

** 영향력 있던 유대인 철학자.(1135~1204년)

*** 중세 유대교의 신비주의. 히브리어로 '전승'이라는 의미.

저런, 저런, 바루흐. 랍비 모르테라께서는 좋은 의도로 말씀하셨을 게다. 하지만 너무 물렁하게 말씀하셨구나. 그분은 아슈케나짐*이라 우리의 문제를 아실까?
나는 변절 유대인들도 천국에 갈 수 있다는 랍비 아봅의 견해가 이해가 되는구나. 보렴, 우리가 포르투갈에 있을 때는 지금과는 상황이 달랐잖니.
그럼 포르투갈로 다시 돌아가요!
스페인에서 그랬던 것처럼 포르투갈에서도 종교재판이 자주 일어났었어. 우리 유대인은 기독교로 개종하라고 강요당했단다. 우리 가족도 죽을 뻔했지.
할아버지와 할머니는 기독교인이셨나요?

* 히브리어. 동유럽에서 온 유대인들.

대외적으로는 가톨릭인 척하셨지.
하지만 집에서는 안식일을 지키고,
코셔*를 먹었단다.

그러나 시간이 흐르면서,
유대인으로서의 삶이 어떤 것인지
잊게 되었지...

몇 세대가 흐르면서,
이런 비밀 유대인들은
점차 가톨릭교도에 동화되었단다.

* 전통적인 유대인의 식사법에 따라 식물을 선택·조제하는 것.

심지어는 예배 방법도 가톨릭교도가
미사를 드리는 방식과 비슷해졌지.

קדוש קדוש קדוש
אסתר

"성 에스더"
너희는 아마 상상조차 못할 거야.

우리 부모님은 문설주에 메주자* 대신에
성모 마리아 신상을 걸어 두셨지.

하지만 사실은 그 속에
토라 문구가 쓰인 종이를 넣어 두셨단다.

* 히브리어 법률 문서가 담긴 케이스로 유대인 집의 문설주에 붙어 있다.

무고한 사람들이 종교재판에 회부되어 선택의 기로에 놓였지.
세례냐, 화형이냐.
그들이 앗아간 것은 우리 민족의 목숨뿐만이 아니었어. 우리의 전통도 짓밟혔지. 청년들은 더 이상 할례를 받지 않게 되었고, 식탁에는 돼지고기가 올라왔으며, 히브리어 사용하지 않게 되었단다.
그럼에도 포르투갈인들은 여전히 우리를 불신했지.
한번 유대인은 영원한 유대인이지!
그리고 우리는 마라노*들을 돼지라고 불렀단다.

* 추방과 폭동에 쫓겨 기독교로 개종한 스페인계 유대인들. 그 자체로 '돼지'라는 뜻을 가지고 있으며, 돼지고기를 싫어하는 유대인들을 조롱하기 위해 붙여진 명칭이다.(감수자주)

우리에게 남은 길은 북방의 예루살렘으로 불리던
암스테르담으로 망명하는 길뿐이었어.
우리는 이곳을 마콤 알레프*라 불렀지.
암스테르담에 와서는 모든 게 다 괜찮아졌지요, 아버지?
예전보다는 조금 여건이 나아졌지. 하지만 최선의 선택은 아니었어. 처음 이곳에 왔을 때 유대인들은 다시 유대인으로서 살 수 있게 되었지. 하지만 문제가 있었어. 유대인들의 삶이 어떤 것인지 다 잊어버렸던 거야. 그래서 아슈케나짐이신 랍비 모르테라를 초빙해서 우리가 히브리말을 다시 배우고 사용할 수 있게 도움을 청한 거란다.
헤헤, 전 이미 아침 기도를 히브리어로 다 외워 두었죠.
하지만 랍비 모르테라가 토라를 지키지 않으면 하늘나라로 들어갈 수 없다고 말했다니! 포르투갈에 남은 우리 가족들도 마찬가지란 말인가? 포르투갈에 남은 사람들에겐 선택의 여지가 없는데! 랍비 모르테라와 랍비 아봅과의 충돌이 벌써 몇 년째 계속되고 있구나.
그럼 더 이상 지옥불에 떨어질까 봐 두려워하지 않아도 되는 거예요?

* '첫 번째 위치'라는 뜻의 히브리어. 암스테르담의 모쿰(Mokum)이 이 단어에서 왔다.

네덜란드인들은 본래 매사를 긍정적으로 봐. 좋은 비즈니스 관계만 유지할 수 있다면 말이지.
하지만 우리로서는 신중해야 한단다. 네덜란드 공화국은 지금 스페인과 전쟁 중이지 않니. 경제는 침체기에 빠져 있고, 다시 흑사병이 창궐하려 하고 있으니…
상황이 조금만 나빠져도, 칼뱅주의자들은 주저하지 않고 우리를 비난할 게다.
여기서 우리는 이방인일 뿐이라 입지가 약하단다.
그런데도 안에서 이런 식으로 싸우면 결국 공동체에 해가 될 뿐이야. 우리 안에 분쟁거리가 있다면 싹을 잘라야 한다. 우리엘 다 코스타가 제명당한 이유도 바로 그거란다.

위리엘 다 코스타는 스피노자의 선구자격인 인물입니다. 그는 자신의 저서에서 토라의 신성에 대해 반박했습니다.
종교의 신성함?! 다 미신일 뿐이다.
사람의 몸이 죽으면, 영혼도 함께 소멸하지!
토라는 사람이 쓴 글일 뿐이다.
그 때문에, 위리엘 다 코스타는 1623년 유대 공동체와 관계를 끊게 되었습니다.
그런데 1640년, 다 코스타의 재판이 다시 열렸습니다.
나는 하느님과 토라 그리고 유대 공동체에 죄를 지었습니다. 하지만 저는 회심했어요! 랍비 아봅이시여. 저는 어떤 곳에도 갈 수 없고, 아무것도 먹을 수도 없는 몸입니다. 저를 다시 받아들여 주소서!
다 코스타, 당신이 다시 돌아오는 것을 허락한다. 하지만 그전에 우선 죄의 대가를 치르도록 하여라.
37, 38, 39..

다 코스타는 시나고그의 문 앞에 누운 채 모든 이들의 발에 짓밟혔습니다.
어린 스피노자는 그 광경을 목격했습니다.
이건 너무 지독한 모욕이야! 하지만 난 아무것도 할 수 없구나.
우리엘 다 코스타는 이틀 후에 권총 자살로 자신의 생을 마감했습니다.
그 이후
우리엘 다 코스타의 저서들은 분명히 이단적이다. 하지만 그 안에는 뭔가가 있어.
내 최고의 제자 아니니! 들어오렴, 바루흐.
안녕하세요, 랍비 모르테라.
다 코스타가 자신의 머리를 권총으로 쏘았다는데, 그게 사실인가요?
자 얘야 바르 미츠바*가 얼마 남지 않았잖니? 열심히 공부하렴 너도 곧 어른이 된단다.

* 유대인 소년들이 13살 무렵 치르는 성년식.

2장

넓은 세계에 눈을 뜨다

1654년, 아우더르케르크 안 더 암스텔에 있는 포르투갈-유대인 공동체의 공동묘지 벳 하임

스피노자의 아버지 미카엘은 바루흐가 갓 21살이 되던 해에 결핵으로 사망했습니다. 그의 부인과 큰아이 두 명은 그보다 먼저 사망했지요. 살아남은 이들은 바루흐와 남동생 가브리엘, 그리고 누이 레베카뿐이었습니다.

Jitgadal Wejitkadesj Sjeme Rabba*
아멘
아멘
아멘
아멘
아멘

* 죽은 자를 위한 기도.

Be'alma Diemoe Atied Le'letchadata Metaja, Oe'le'asaka Lechajee alma oelemiwne Karta Die Jeroesjleem.
이제 아버지가 돌아가셨으니 어떻게 해야 하지?
선택의 여지가 없잖아, 가브리엘. 너와 나는 이제 아버지의 가게를 같이 경영하게 될 거야.
Lesjachleel hechalee begawa lemeekar poelchan noechraa mea we le atawa po elchana die sjem aja leatree . we
형 미쳤어? 아버지께서 남기신 빚까지 함께 지자는 거야?
Jamlich Koedsja Briech Hoe Be Machoetee wikaree Be chajeechon oewe.

선택의 여지가 없잖니? 난 체데카*에 의지해서 살아가고 싶은 마음은 없다.
그리고 아버지에 대한 도리는 해야지.
하지만 형, 아버지께서는 형이 랍비로서 살기를 바라셨어. "물론 상업은 아름다운 일이지, 하지만 바루흐, 넌 한낱 건포도 상인으로 살아가기에는 너무 명석하구나."라고 아버지가 말씀하신 것 기억 안 나?

* 히브리어로 '자선'이라는 뜻.

당치 않은 소리! 이제 난 우리 가족의 가장이야. 쉬바*가 끝나면, 랍비 모르테라에게 말씀드려서 케테르 토라** 수업을 상업 수업으로 바꿀 거야.
생각해 봐. '벤토***와 가브리엘의 상점, 수입과 수출상'
벤토라고? 바루흐란 이름은 왜 안 쓰는 건데?
우린 포르투갈 사람이잖아, 안 그래?

* 7일 간의 유대인 장례 애도 기간.
** 랍비 모르테라의 학교명. 히브리어로 '법의 왕관'이라는 뜻.
*** 스피노자의 포르투갈식 이름.(역주)

2년 후, 암스테르담 로킨 거리의 상점들

알가브에서 온 오렌지요!
브라질에서 온 커피 사세요!
일본산 후추에 아니스랑 정향 팔아요!
러시아 산 곰 가죽에 투자하세요!
갓 캔 튤립 구근 있어요. 하나에 100휠던이에요!
러시아 여자들은 끝내준다니깐!

이번에도 수익이 안 났어.
흠…
벌써 몇 개월째인지…
말도 안 돼.
이래서야 언제 빚을 다 갚을 수 있겠어?
절대 못 갚지.
벤토 형, 뭐 좋은 생각 없어? 아버지의 유업을 물려받자는 건 형 생각이었잖아. 기억해?
네 말이 옳아, 가브리엘. 옳고 말고. 하지만 이렇게 생각해 봐. 어쨌든 우린 2년째 이 일을 하고 있잖아? 일을 할 수 있는 것 자체가 참 운이 좋은 거지. 그렇지 않니?
빚을 생각하면 절대로 운이 좋은 거 같지 않아!

무화과랑 레몬이 있어요! 무화과와 레몬 사세요!
아, 그 빚 말이지. 그런 건 중요하지 않아.
음, 레몬은 파운드 당 얼마에요?
물질보다는 영혼의 부유함을 이루는 게 더 중요하지 않을까?
오, 말씀을 듣자하니 데카르트를 읽으신 분 같군요.
데카르트요?
프랑스의 대 철학자 데카르트 말이오. 여기 암스테르담 서쪽 시장 지구에서 사셨소. 5년 전에 돌아가셨지만. 그래도 그분에 대해서 잘 알아 두는 것이 좋을 거요. 이 도시의 사람들은 그분을 지지하든지 아니면 반대하든지 둘 중 하나니까.
그분의 저서를 보면 정신과 물질의
분리에 대해 쓰셨지.

형, 정말 영혼의 풍요를 원한다면 왜 시나고그에 가지 않는 거지?
내가 거길 왜 가야 하는데? 어쩌면 내가 죽은 다음에 다른 신이 나를 벌할지도 모르잖아?
아니, 난 그러지 않을 거야! 신을 만나기 위해 시나고그에 가지도 않을 거고.
말 조심해, 형.
저 분 말이 옳아요. 누가 엿듣고 있을지 모르니 말을 조심해요.
내 이름은 야리흐 옐러스요. 만나서 반갑소. 괜찮다면, 판 덴 엔덴 박사님의 강의를 한번 들어 보는 게 어떻겠소? 그분은 라틴어 수업을 진행하시는데 놀랍게도 르네 데카르트의 새로운 철학에 대한 강의도 하신다오.
저는 저와 같은 생각을 하는 사람들과 교류하고 있는데, 우리 스스로 콜레지안트 파라고 부른답니다. 주로 정치나 과학, 고전에 대해 토론하지요. 기회가 되면 한번 와서 참석해 보세요.
맙소사! 레몬은 팔 생각은 없으신 건가요?

프란시스쿠스 판 덴 엔덴 박사는 안트베르펜 출신 예수회 소속으로 암스테르담의 싱헬 지구에 거주하고 있었습니다.
교회가 우리에게 믿음을 가지길 바라는 건 그다지 놀라운 일이 아니지, 제군들.
자연이란 논리적인 사고로 설명이 가능한 것이다. 그러므로 우리가 보는 자연현상들은 수학적 구조에 비추어 설명할 수 있다.
이 세상에 물리 법칙에서 벗어난 것은 존재하지 않아.
이게 우리가 데카르트에 대해 공부하는 이유다.
그렇다면 신은 어떻게 설명할 수 있습니까?
갈릴레이
토마스 홉스

오호!
우리의 신입생이 가장 중요한 화두를 던지는 군. "신은 무엇인가?"
이름이 바루흐이라 했던가? 아니면 벤토라 불러야 하나? '축복받은 자'라는 뜻이군. 그렇다면 난 자네를 베네딕투스라 부르겠네. 자넨 내 라틴어 수업을 듣지 않았지?
친애하는 베네딕투스, 신이 누구인지 묻는 것은 아주 개인적인 의문일세. 성모 마리아 노래 천 번을 부른다 해도, 아니면 자네 같은 유대인이 돼지고기를 먹는다 해도 쉽사리 신에 대한 의문점이 채워지지 않을 걸세.
신과 너의 이웃을 사랑하라. 이것이 선지자가 가르치는 첫 번째 계명이니라. 자네는 유대인이니 율법에 대해서는 나보다 더 잘 알겠지.
맞아요! 토라를 읽다 보면 나오는 계명들이지요. 하지만 랍비들과 예언자들은 자신의 편견 속에 사로잡혀서 율법만을 고수하고 있어요.
그분들은 성경 뿐만 아니라 일반 사람들이 쓴 글들조차 외면하고 있지요.
어이! 어이!
말이 너무 심하지 않아?

스피노자는 판 덴 엔덴 교수님의 지도를 받아 라틴어로 다양한 수업을 들었습니다.
코기토 에르고 숨*
코기토 에르고 숨
코기토 에르고 숨
정치학...
급진적 민주주의만이 유일한 해결책일세! 칼뱅주의 패거리들은 물러가라지.
고전 철학...
그래서 마이모니데스가 아리스토텔레스에게 전적으로 영향을 받은 거로군요!
현대 철학...
자네가 안다고 생각하는 모든 것을 의심하게!

* 라틴어, "나는 생각한다, 고로 존재한다." 데카르트의 근본사상.(감수자주)

광학..
그러니까 빛이 이 각도에서 오면...
그리고 스피노자는 자신의 동료 학생들을 위한 히브리어 수업을 이끌었습니다.
알레프, 베트, 김멜...
그리고 유대 철학도 가르쳤습니다.
네 이웃을 네 몸처럼 사랑하라.
그 와중에 스피노자는 판 덴 엔덴 박사의 딸인 클라라 마리아와 사귀게 되었습니다.

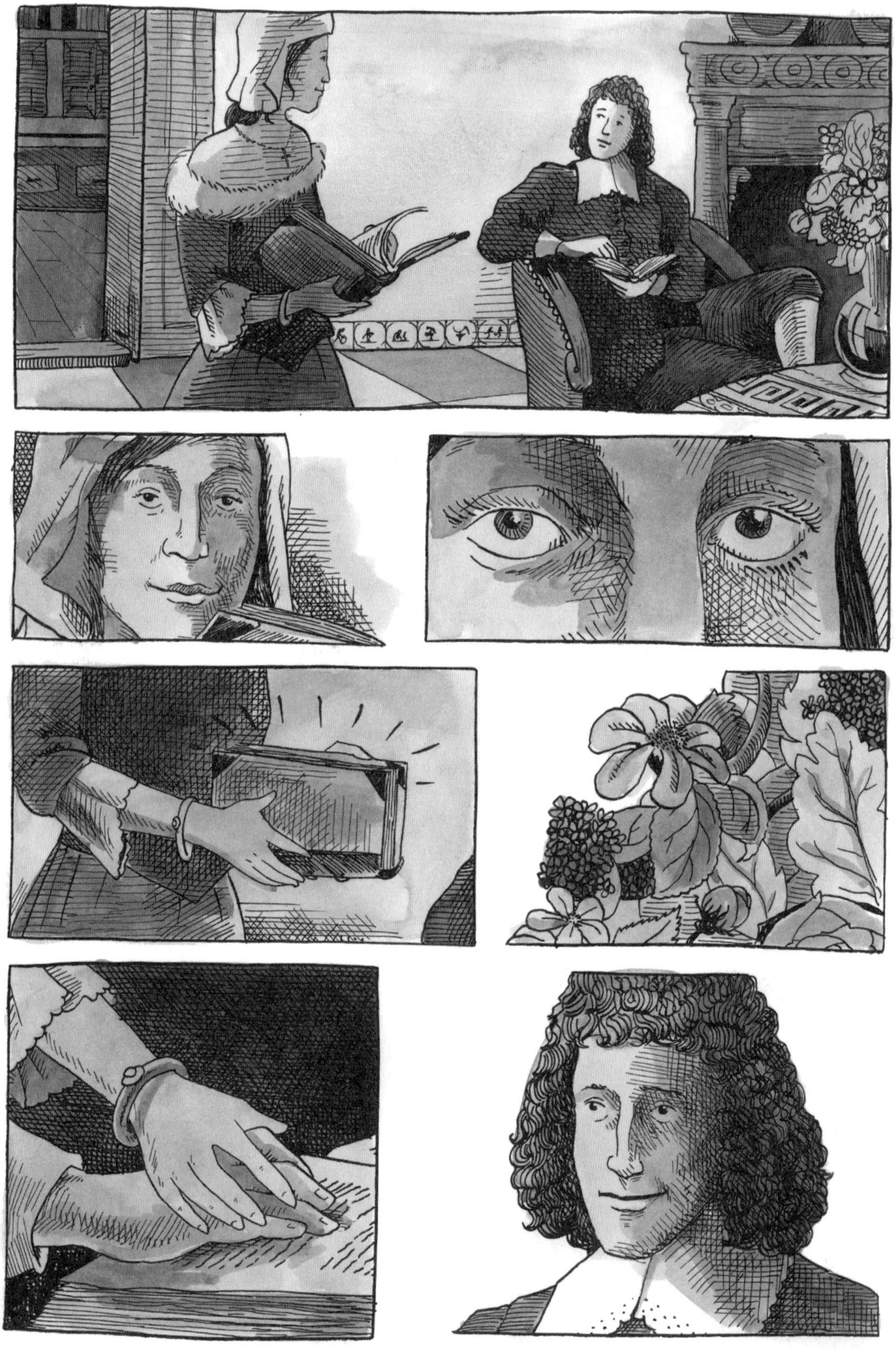

스피노자는 그렇게 유대인 공동체와 멀어져 갔습니다. 그 모습을 보다 못한 남동생이 그에게 왜 그렇게 변한 건지 해명을 요구할 정도였습니다.
우린 겨우겨우 수지 맞춰서 먹고 살고 있는데 형이 기껏 한다는 일이 새로운 친구들과 정치 이야기를 나누는 것뿐이로군. 형은 자기 안위만 걱정하고 나는 뒷전인 거야?
음… 돈 말이지…
CARTESIUS

또한 네덜란드 유대인 공동체를 이끄는 파르나짐*들의 반응도 이에 못지않았습니다.
바루흐, 왜 비 유대인들의 길을 따르려 하느냐? 네 아버지가 어떤 길을 걸었는지 한번 생각해 봐라.
게다가 자네는 아직도 우리에게 갚을 빚이 있잖아!
시나고그에 대한 자네의 열의도 예전 같지 않아!
전 여러분께 진 빚이 없습니다! 미성년자는 빚을 물려받을 수 없으니까요.

* 유대인 공동체의 지도자들.

하지만 얘야. 넌 미성년자가 아니잖니? 바르 미츠바를 치른 지 벌써 10년이 지났는데.
네덜란드 법에 따르면 난 아직도 미성년자예요. 그리고 우리는 네덜란드 공화국에 사는 네덜란드 시민이지요. 그러니 전 여러분께 갚을 빚이 없습니다.
네덜란드 기독교의 법이 신성한 토라보다 위에 있다고 생각하는 거니?
맙소사, 바루흐!
제 이름은 베네딕투스입니다.

그리고 랍비 모르테라를 만났을 때…
지금 내 앞에서 무슨 이야기를 하는 거냐.
거기 앉거라.
하지만 전… 전 여기 오래 있지 않을 겁니다.
바루흐, 넌 변했구나. 정말 많이 변했어! 들리는 말로는 요즘 네가 율법을 우습게 안다더구나.
대체 무엇이 그리도 마음에 안 들더냐?
랍비 모르테라, 이런 말씀 드려서 죄송합니다만, 전 유대교도 여타의 종교와 다를 바가 없다고 생각합니다. 미신과 편견으로 가득 찬 데다 합리성이라고는 눈곱만큼도 없죠.

나는 너를 그렇게 키우지 않았는데
이게 다 내 탓이로구나? 부끄러운 줄 알아야지!
아니면 너도 다 코스타처럼
제명당하고 싶은 거냐?
그게 유일한 탈출구라면 어쩔 수 없죠!
고집불통처럼 굴지 마라.
아직 늦지 않았으니 그만 돌아와.
너는 율법도 배웠잖니?
아니오.
절대 그런 일은 없을 겁니다.
제명하고 싶거든 마음대로
하세요! 가서 사상 최악의
저주가 담긴 판결문이라도
쓰시죠!

그날 저녁
그는 너무 멀리 갔어요!
그는 우리 모두를
기만하고 있어요.
그는 스스로 하느님을
기만하고 있습니다.
그는 이미
엇나갔어요.
그를 제명시킵시다.
여러분, 바루흐는 성실한 청년입니다.
그리고 의로운 자이지요. 그저 부모님이 돌아가시고
부담이 너무 커지니까 그런 거겠지요.
그는
불신자입니다!
바루흐가 공동체에 진 빚을
조금 탕감해 주면 어떨까요?
부끄러운 짓을 한 자에게
상을 주자는 말입니까?
그럴 순 없소!

므낫세의 말이 옳네. 게다가 그자는 스스로 무신론자라고 칭하고 있다네.
그자는 우리 유대인들에게 오명을 남기고 있습니다. 우리는 신성한 법으로 공동체를 지켜야 합니다.
이런 일을 용납할 수 없다는 걸 행동으로 보여 줍시다.
그렇다면, 스피노자를 내쫓는 데 동의하십니까?
스피노자를 내쫓으시오!
그리고 다시는 돌아오는 일이 없도록 하시오.
좋소, 이렇게 쓰시오. “신성한 율법에 의거해서... 그리고 거룩한 약속에 의거해서...”

3장

내가 가야 할 길

1658년, 2년 후,
레이든 대학교에서
Quod Erat Demonstrandum!* (이와 같이 증명되었음) 이것으로 강의를 마치겠네.
바루흐, 이제 대학의 라틴어 수업에 좀 익숙해진 것 같아?
내 이름은 베네딕투스야. 그렇게 불러줘.
이름을 바꾸는 건 너의 자유지만, 25년 동안 유대인으로 살아 왔잖아. 그때가 그립진 않니?
쿠에바흐, 물론 그립고 말고. 오래된 친구들도 보고 싶고, 우리 아버지의 목소리도 그리워. 또 어머니가 만들어 주시던 헤로셋**이 먹고 싶군.
그렇지만 내 친구들은 날 미친놈이라 생각하고, 우리 가족들은 다 죽었어.
남동생과 누이 빼고 말이지...
하지만 남동생 가브리엘은 돈밖에 몰라.
레베카는 자기 앞가림은 어떻게든 할 수 있을 거야.

* 라틴어. 스피노자가 『에티카』에서 즐겨 쓴 말이기도 하다.(감수자주)

** 유대인 음식. 전통적으로 유월절에 먹는다.

음, 유대인 공동체에서 쫓겨났으니, 이제 어떻게 할 셈인가.
쫓겨났다고?! 난 내 발로 나왔어.
자넨 쫓겨난 거야.
어찌 되었든, 아버지의 부채는 더 이상 내 문제가 아니야.
생계는 어떻게 꾸려가고 있나? 자네라면 기꺼이 돈을 빌려줄 수 있네.
나는 판 덴 엔덴 박사님의 길을 따르려 하네, 신께서는 나를 내 집에서 쫓아내셨을 뿐만 아니라 가족도 돈도 다 앗아가셨지. 하지만 네덜란드 친구들이 있기에 난 회생할 수 있었네.

방금 신이라고 했나? 자네는 더 이상 신을 믿지 않겠다고 해서 쫓겨난 거 아니었나?
맙소사, 판 덴 엔덴 박사님은 자신이 반쯤은 무신론자라고 생각하는 분이야.
아직도 모르겠나, 친구들? 신은 어디에나 존재하지. 교회에도 계시고 시나고그에도 계셔. 판 덴 엔덴 박사님은 이 점을 나만큼이나 똑바로 바라보셨지.
난 아직도 박사님에게서 배워야 할 것들이 많네. 그분은 라틴어뿐만 아니라 정치와 철학에도 무척 인상적인 견해를 가지신 분이야.
인상적인 딸을 두신 분이란 뜻이겠지!
음, 뭐라고?

베네딕투스, 우린 이미 수업시간 동안 자네가 클라라 마리아와 시시덕거리고 있는 걸 보았다고.
자선에 대해서 몇 마디 나눈 것 뿐이야.
그러니까··· 음···
그러니까 아무 상관없는 일이야.
암스테르담으로 가자!

어머, 이것 봐요, 진짜 진주잖아요.
정말 아름다워요, 데르크. 하지만...
전 베네딕투스와 약혼한 몸이랍니다.
하! 쫓겨난 유대인 놈 말이오?
하지만 그자는 하루 종일 책에 파묻혀 지내지 않소.
음, 그렇긴 하지요.
그리고 그자는 가난뱅이지요. 동전 한 푼이라도 얻으려면 아비의 무덤이라도 뒤져야 할게요.
게다가 그자의 아비는 깐깐한 포르투갈 출신이라오.

클라라 마리아?
그리고 데르크 케르크링크?
베네딕투스!
전…
괜찮아요,
전 다 이해해요.
학업 열심히
하시게,
바루흐.
내 이름은
베네딕투스라고!
자네는 왜 가만히
서 있기만 하는 거야?
가서 붙잡으시게!
저 놈팡이보다는 자네가
훨씬 더 나으니까.
아니야, 그냥 그녀가 가게
내버려 두는 게 낫겠어.

아! 스피노자, 쿠에바흐! 옐레스 왔는가? 마침 잘 와 주었네. 우리가 연극을 한 편 해 보려던 참이었거든.
테렌티우스*의 라틴어 연극 〈환관〉을 해 보려고 하네. 자네의 라틴어 공부에도 도움이 될 걸세.
공연은 일주일 후에 있을 예정이야.
일주일이요?
아…
타이스라는 아가씨와 사귄 가난한 상인 페드리아의 이야기라네.
트라소라는 자기 자랑이 심한 군인이 그 둘의 사이에 끼어들어서
온갖 선물공세로 타이스의 환심을 사려 애쓰지.
'가난한 상인'이라니 마치 자네의 처지와 같군!
응, 그리고 데르크 케르크링크는 저 뽐내기 좋아하는 군인이겠지?
거기 그만 좀 떠들지 그러나! 학생들! 그리고 스피노자, 브레데로의 번역본을 한번 읽어 보게.

* 고대 로마시대의 희극작가이자 시인.(역주)

흠...
예전에 참된 벗인 줄만 알았던 이들은 이제 온데간데 없구나.
미친 듯이 나에게 칼을 겨누던 이들이여, 나의 친척들은 내 목에 입맞추며 경고하였지.
슬프도다. 신과 인간에게 버려진 나는 이제 죽음만을 바라는구나.
훌륭해! 감정이 잘 살아 있구나! 이제 라틴어로 해 보렴.

1주일 후, 케이저흐라흐트의 극장에서
Quniam miser...
Quod Habuit perdidi...
Em Quo Redactus sum

Omnes noti me atque amici deserunt!

앙코르!
앙코르!
브라보!

정말 훌륭했네,
베네딕투스!
잘했어, 친구!
이제 가서
술 한잔 하세나!

미친놈, 죽어라!
누구신지...
신을 배반한 자여!
너는 우리 유대민족의 수치다, 스피노자!
네 놈이 네 부모의 명예에 먹칠했다는 걸 알아라.

다행히 상처는 별것 아니야.
내가 입고 있던 옷이 내 목숨을 구했다네.
그자는 누구지, 베네딕투스?
파르나짐 중의 한 사람이야. 우리 아버지와 더불어 시나고그의 수석이셨지.
나의 바르 미츠바를 베풀어 준 분이기도 하고.
아, 그랬군?
좋은 일을 많이 하셨었죠.
이제 한 가지는 확실해졌네요. 제 과거를 확실히 끊어 버려야 한다는 거요.
하지만, 유대인으로서의 삶은 자네 인생의 전부였잖아. 이제 어떻게 할 셈이지?

그래요, 지금 전 중요한
문제들에 맞닥뜨렸죠.
들어 봐요,
전 이제 25살이에요.
종교적인 훈련을 받은 것까지는
좋았어요. 하지만 거기에 담긴
근시안적인 관점은 미치도록 싫었죠.
종교에 빠진 광신도들이
어떤 짓까지 할 수 있는지
여러분도 보셨잖아요.
그리고, 전 시장에서
상인으로 일했지만.
부자가 될 생각은 조금도 없어요.
한때 부자였던 사람이
다음 날은 거지가 될 수도 있는 거죠.
하지만 그게 저에게
무슨 의미가 있을까요?
전 사랑에도 운이 없어요.
사랑이 만족을 줄 수도 있겠죠.
하지만 결국엔 실망을 줄 겁니다.
사랑에 매여 있는 자는
자기 욕망의 노예에 불과해요.
오늘 저녁의 연극에서도
보셨다시피 말이에요.

신도 싫다, 상업도 싫다,
여자도 싫다니.
대체 자네는 무엇을 원하는가?
전 데카르트가 열어 놓은 지평
저 너머를 더 깊게 탐구하고 싶습니다!
전 영속적이고 순수한 것을
갈망합니다.
신에 대한 지적 사랑*을
추구할 겁니다.
그래, 그래.
신에 대한
'지적 사랑'이라…
그렇다면 자네가 도달하고자 하는
지향점은 어디인가, 데카르트 2세?

* 궁극적으로 이것은 '신의 지적 사랑'이다. 모든 것은 신 안에 있는 까닭에 신을 대상처럼 취급하여 '신에 대해' 사랑할 수는 없고, 신의 지적 사랑이 개별자를 통하여 일어난다.(감수자주)

자, 지식(인식)에는 4가지가 있습니다.
첫째는 듣거나 전해 들으면서 알게 되는 인식입니다.
예를 들어 저 스피노자는 1632년에 미카엘과 한나 데 스피노자 사이의 아들로 태어났다고 하지요.
하지만 이러한 지식은 제가 간접적으로 들어서 알게 된 겁니다. 신뢰도가 떨어지지요.
인식의 두 번째 형태는 감각적인 인지에 기초한 것입니다.
예를 들어 저는 제가 칼에 찔렸음을 느낄 수 있지요.
와인의 맛을 보고 와인이 오래된 것인지 알아차릴 수 있고요.
하지만 제 감각이 신뢰할 만한 것인지 어떻게 알지요?

여기서 인식의 세 번째 형태로 넘어갑니다. 바로 논리적인 추리에 의한 것입니다.
예를 들어 우리는 달이 눈에 보이는 것보다 훨씬 크다는 사실을 이해할 수 있지요.
우리가 눈으로 보는 건 아주 단순하거든요.
이러한 지식은 정확하고 확실하지만, 동시에 부정확할 수도 있다는 위험성이 있지요.
이러한 각각의 결론들은 우리에게 또다시 의문점을 남깁니다.
인식의 가장 최고의 형태는 바로 이성적인 앎입니다.
본질에 대한 직접적인 통찰력이지요.
예를 들어서, 사람의 신체와 정신은 떨어질 수 없는 관계라는 것이나
b
a
c
b
a
c
삼각형의 세 각을 합치면 180도가 된다는 것도 직관적으로 아는 지식이지요.

글을 배우는 한 아이가 있다고 가정해 봅시다.
아이가 어렸을 때에는 읽을 수도 없고, 모든 것을 다 이해하지 못하지요.
아이는 글자를 하나씩 하나씩 구별해가며 깨우쳐 나갑니다.
D, E, V, L, E, I
곧 아이는 알파벳이 모여서 단어를 이루고, 문장을 이룬다는 걸 깨닫게 되요.
한때는 나의 진실한 친구인 줄 알았던 무리들이...
마침내 그 아이는 모든 것을 이해하게 되지요!
참 감동적인 이야기구나.

이러한 지식의 최종 형태를 통해 자연의 본질을 완전히 깨달으면 신에 대한 지적 사랑에 도달하게 됩니다.
우리는 이를 통해서 더욱더 완전함에 가까워지고, 끝없는 축복을 받게 되는 겁니다.
돈이나 사랑, 감각적인 기쁨이 주는 것보다 훨씬 더 풍요롭죠.
그러므로 지식이나 행복을 추구하고자 한다면, 우리는 지성에 의지해야 합니다.
감정이 아니라요.

전 이러한 내용을 책*으로 내고자 합니다.
그래서 암스테르담을 떠나기로 결심했습니다.
우리를 떠나려는가?
네, 레인스뷔르흐에 작은 하숙집을 구했어요.
조용하고 한적한 곳이에요. 제 사상 때문에 암살당할 염려는 하지 않아도 될 겁니다.
그러면 수업은 어떻게 하고?
선생님의 연극 공연에 참여하면서 제 라틴어가 좀 더 개선된 거 같아요. 그리고 레인스뷔르흐는 레이든에서 멀지 않은 곳이니 학업은 계속 이어갈 수 있겠지요.
여러분, 그동안 절 보살펴 주셔서 감사합니다. 하지만 암스테르담에 계속 머물 수는 없어요.

* 『지성개선론(*Tractatus de intellectus Emendatione*)』

4장

스피노자의 렌즈를 통하여

레이은스뷔르흐,
1661년

콜록!
콜록! 콜록! 콜록!
우리 어머니도 이런 식으로 기침하셨는데 나도 점점 닮아가는군.
똑 똑 똑
편지 왔습니다, 스피노자 씨.
감사합니다.

오, 크리스티안 하위헌스* 씨가 내 렌즈에 만족한다고...
그리고 클라라 마리아는 케르크링크와 결혼했구나.
영국에서 온 편지도 있네?
영국 왕립학회의 사무국장 헨리 올덴뷔르흐 씨에게서 온 편지로군...
“암스테르담을 여행하던 중에 선생님의 존함을 들었습니다...”
“선생님과 의견을 나눌 기회를 주십시오...”
“5월 첫째 주에 레인스뷔르흐로 방문을 해도 되겠습니까...”
5월 첫째 주라고? 지금이 5월이잖아?

* 네덜란드의 수학자, 물리학자. 진자시계를 발명하고 망원경을 개량하여 역학과 광학 분야에 큰 영향을 끼쳤다.(편집자주)

실례합니다. 제 이름은 헨리 올덴뷔르흐라고 합니다. 베네딕투스 데 스피노자 씨의 집을 찾고 있는데요.
잘 찾아오셨습니다.
음, 저는 위대한 대 철학자 스피노자 님을 뵈러 왔는데요.
…이런 곳에 기거하신단 말씀이십니까?
아이고, 저는…콜록! 평범한 렌즈세공사일 뿐입니다.
생계를 위해 렌즈를 세공하는 일을 합니다. 지난번에 썼던 불경스러운 이야기책보다는 더 돈벌이가 되지요. 그리고 시간이 나면 철학을 공부합니다.
뭐, 아무튼 들어오시지요. 기다리고 있었습니다.

하지만 선생님이
이루신 것들은
생각하시는 것보다
더 명성을
얻었답니다.
아, 렌즈 말이군요. 제 작업실에 가면 새로 만든 망원경을 보여 드릴 수 있을 겁니다.
음, 제 말은 선생님이 이루신 철학적인 업적 말입니다.
제가 하려던 말도 그것입니다. 이리 와서 이것 좀 보시지요.
경이롭습니다! 하지만 제가 말하려던 건 이게 아니었는데요...
이쪽으로 와서 이것도 보시죠.

지금 보이는 것은 화성입니까?
맞습니다.
흥미롭습니다. 선생님이 만드신 렌즈를 통해 화성을 보니 마치 벼룩 같군요!
맞습니다. 왜냐하면 저 둘은 사실상 같은 것이거든요.
같다고요? 실례지만 농담하시는 건가요?
아니요 그렇지 않습니다. 가장 작은 것과, 가장 큰 것, 그리고 당신과 나를 둘러싼 모든 존재는 같은 신 안에 존재합니다.
하지만...
암스테르담에서 듣기로 선생님은 무신론자라고 하던걸요.
맙소사! 웃기지도 않는군.
잠시 저와 함께 걸으실까요.

사유를 하다 보면,
모든 것에는 하나의 원인이
있다는 걸 깨닫게 됩니다.
이 울타리는 나무로 만들어졌지요.
나무는 하나의 씨앗에서 자라난 것입니다. 그런 식으로 유추하다
보면 만물은 하나의 유일한 실체로 도달하게 됩니다.
바로 무한하고
불변한 것이지요.
우리는 그것을
신이라 부릅니다.
신, 혹은 자연, 뭐 그것을
어떻게 부르든지 간에, 그것은 고유한 속성들을
가지고 있습니다. 물질과 지성* 말입니다.
이러한 속성들은 다양하고 무한한
여러 가지 형태를 띠고 있습니다.
그래서 우리는 신의 다양한 물질적인
측면들을 소라든지, 나무, 늑대 등의 형태로
접하게 되는 거죠.
벼룩이라든지,
화성 같은 그런 것들로 말이군요.
정확합니다.

* 더 정확히는 연장(延長)과 사유이다.

하지만 선생님, 만약 만물이 하나라면,
선과 악의 차이는 어떻게 설명할 수 있을까요?
사실 어떤 것을 선하면서 악하다고 표현할 수는 없지 않습니까?
선과 악은 실질적으로 존재하지 않습니다!
우리의 관념 속에서만 존재할 뿐이지요.
여기, 이 거미를 보시오. 거미란 무섭고 까다로운 동물이지요.
인간은 거미보다 낫습니다. 사유를 할 수 있고, 도덕이 있으니까요. 맞지요?
물론이지요.
하지만 거미의 눈으로 보면 인간은 괴물입니다. 조심스레 잘 짠 거미줄을 한 번에 파괴해 버릴 수 있으니까요!
그러므로 이것은 관점에 달린 문제이지요.

또 다른 예로,
최근에 일어났었던 전쟁*을 봅시다.
우리 함대들이 무참히
파괴되었지요.
처참한 패배라
할 수 있죠!
자, 당신은 영국인이지 않소?
우리 입장에서 그 전쟁을 신이 주신
선물이라 할 수 있을까요?
그러니 선과 악은
논할 여지가 없는 거요.
만물은 자연의
법칙에 따라 존재합니다.
우리가 그것을
바꿀 수는 없지요.
그렇다면 이 세계에
자유의지란 없단 말입니까?
참 암울하군요!
반대로 생각해 봅시다.
만물이 응당 그래야 하는 형태
그대로 존재한다면, 당신은 진정한
기쁨을 누리게 될 겁니다!

* 제1차 영국-네덜란드 전쟁(1652~1654년)

우리가 거대한, 그리고 신성한 세계 속에 내재된 것 같은 느낌을 받아본 적이 있습니까?
그것이 종교가 추구해야 할 화목이지요.
우리는 천국에 대한 소망도, 지옥에 떨어질까 하는 두려움도 가질 필요가 없습니다.
사람들이 이 점을 자각한다면 우리는 비참함과 공포에서 벗어나게 될 겁니다.
그렇다면 선생님의 이 생각들을 책으로 쓰시는 게 어떻겠습니까?
나도 그러고 싶소. 하지만 사람들은 아직 이러한 생각을 받아들일 준비가 안 되었소. 그들은 나를 죽이려 들 거요.
그러니 조심하는 게 낫지요.
내 모토도 이런 맥락에서 나온 거라오.
"신중하라!" (caute)

5장

공포와 불신의 세계

1664년, 끔찍한 흑사병이 네덜란드 전역을 뒤덮었습니다. 암스테르담에서만 2만4천 명이 목숨을 잃었습니다. 스피노자는 레인스뷔르흐를 떠나 자신의 벗 시몬 드 프리스의 집인 스키담의 긴 과수원의 농가에서 겨울 동안 머물기로 했습니다. 또한 스피노자의 친구이자 법의학자인 로데베이크 메이어르 역시 그들과 함께했습니다.
콜록! 콜록 콜록!
쭉 들이키게나, 베네딕투스.
콜록, 콜록
흑사병이 아닐까 두렵군요!
아니에요, 오래된 가족력이랍니다. 피를 좀 뽑으면 나아질 겁니다.

하루 종일
렌즈만 붙잡고 앉아 있지
말게나.
고깝게 듣지 말게.
기침을 해야 자네 폐 안쪽에
있던 나쁜 것들이 나올 거야!
알았네 알았네. 메이어르 박사,
이제 내 혈관도 열어서
피를 뽑아 주게.*

* 이 시기에는 치료를 목적으로 혈액을 급속히 채혈하는 치료법이 널리 성행되고 있었다.(편집자주)

자네의 책 작업은 어떻게 되어 가고 있나?
글쎄, 영국 출신의 사무국장 올덴부르크 씨가 하도 책을 내라고 성화를 하는 바람에, 작은 책 한 권*을 출판할까 고려 중일세.
위험하지는 않겠나?
너무 세게 나가기에는 자네의 유명세가 아직 부족하지 않나.
맞는 말일세.
그래서 내 책을 내기 전에 앞서 데카르트의 철학 해설서를 먼저 출판했지.
사람들의 반응을 먼저 살펴보려고 말이야.

* 『신, 인간, 그리고 인간의 행복에 관한 소론』. 보통 『소론』이라고 칭함.

결과는?
아.
예상했던 그대로지.
이 나라 사람들은 나를 이해하지 못해.
아직도 내 이름을 들으면 무신론자를 먼저 떠올리거든.
사람들은 추문에만 관심이 있지.
논쟁에는 관심이 없어.

1년 후
스피노자는 시몬 데 프리스와 함께 옛 친구들을 방문했습니다.
맙소사! 성벽을 저리로 옮기다니!
암스테르담은 해가 갈수록 팽창하는 거 같구먼

휘!!
선생님들, 유대인지구에
소란이 일어난 거 같습니다.
하느님, 맙소사!
도대체 무슨 일이
일어난 거지?
할렐루야
메시아*!
여기서부터는 걸어가셔야
할 것 같습니다.

* '구원자'라는 뜻의 히브리어.

메시아!
이곳에 계시다!
할렐루야!
마침내 구원을 얻었다!
바루흐 형! 돌아왔구나.
가브리엘? 이런 혼돈의 도가니 속에서 너를 만나다니!
말해 줘, 나한테 말 안 한 게 있지?
형은 아직도 내 형이니까. 내 말 잘 들어.
형은 지금 당장 회개해야 해!
도대체 무슨 말을 하는 거야?

마지막 날이 가까이 왔어! 아직 구원받을 기회가 있으니 제발 죄를 털어 놓고 회개해.
우리엘 다 코스타가 그랬던 것처럼 형도 다시 돌아올 여지가 있는 거잖아.
그래, 하지만 그건 좋은 결말이 아니야.
맙소사, 내가 왜 그러겠어? 그런 바보 같은 짓을?
아직도 못 들었어? 메시아가 임하셨다고!
메시아? 가브리엘, 난 이만 가는 게 낫겠어.

17세기 1660년대 중반 무렵
유대인들과 기독교도들 사이에
메시아에 대한 기대가 팽배했습니다.

흑사병의 공포가 무섭게 휘몰아치는 와중에,
2차 영국-네덜란드 전쟁(1665~1667년)이
발발하였습니다. 세기말이 다가왔다는
생각이 유럽을 지배하였습니다.

שבתי
צבי

이러한 가운데,
중동에서 사바타이 제비라는 자가
자칭 메시아라며 들고 일어났습니다.

그는 유럽 전역을 돌며 신봉자들을 끌어들였고
그들은 곧 거대한 무리를 이루었습니다.

이러한 운동의 중심에는 암스테르담에 거주하던 부유한 세파르딤*이 있었습니다.

암스테르담의 많은 유대인이 자신의 재산을 팔아서
세상의 종말을 대비하기 위해 성지를 향해 여행을 떠났습니다.

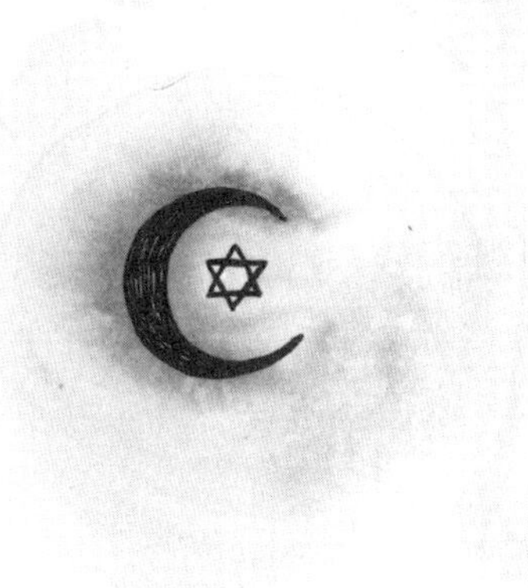

하지만 몇 년 후,
사바타이 제비는 이슬람으로 개종해 버렸고
사람들은 커다란 회의감을 느꼈습니다.

* 스페인이나 포르투갈, 북아프리카에서 온 유대인들.

마침내 다시 만나게 되었군!
야리흐 옐러스! 잘 지내고 있었나?
스피노자! 데 프리스! 들어오시게, 여행은 어땠나?
잘 지냈나? 메이어르 박사
여행은 좋았네. 광신자들의 소동에 휘말린 것만 빼고는 말이지.
쿠에바흐는 아직 안 온 모양이지?
뭐라고?
맙소사, 아직 몰랐던 모양이군.

쿠어바흐의 책*을 보았나?
응, 성경에 대한 급진적인 견해가 담긴 책이지. 훌륭한 작품이야!
쿠어바흐는 그 책 때문에 체포되어서 중형과 노역을 선고받았어. 그 형벌이 너무 무거운 나머지 그만...
그에게 그 사상을 전파한 것은 나일세.
내가 그걸 전하지 않았더라면, 그는 여태껏 살아있었을 거야.
그런 말 하지 마시게, 자네 잘못이 아니야.
암스테르담 관리들의 잘못이지. '세상에서 가장 관용이 넘치는 도시'에서 이런 일이 벌어지다니!

* 아드리안 쿠어바흐의 책 『*Een Bloemhof van allerley lieflijkheid*』

이건 내 잘못도, 관리들의 잘못도 아니야.
종교의 힘이 이 모든 걸 그르쳤지.
저 밖의 거리를 봐. 거짓된 구세주의 뒤를 쫓아다니는 무지한 자들이 넘쳐나지 않나.
그리고 우리 친구는 자신의 글 때문에 살해당한 걸세.
사바타이 제비는 네덜란드의 재상인 요한 드 비트에 대항하는 유대인들과 기독교인들을 등에 업고 있지.
그리고 종교가 어떻게 표현의 자유를 제한하는지 보게나.
정치의 자유가 없이는 과학도, 예술도 존재할 수 없네!

랍소사 스피노자, 하지만 우리가 무엇을 할 수 있다는 말인가?
나는 내 새 책*에 권력의 힘은 희망과 자유에 기초한다고 썼다네!
거짓된 희망과 자유 말일세!
급진적인 관점에서 말하자면 성경은 증거가 없네. 쿠에바흐는 그 점을 너무나도 잘 알고 있었어.
창세기에는 무지개가 노아와 신의 약속이라 쓰여 있지만 우리는 그게 사실이 아니라는 걸 잘 알고 있네.
단순한 빛의 분산일 뿐이지.
여호수아서를 보면 신이 태양을 멈추게 했다는 내용이 있지.
그건 불가능하네!
성경을 보면 유대인은 선택받은 민족이라 쓰여 있지.
하지만 우리가 정말 다른 민족보다 특별한가?

* 『신학정치론(*Theologico-Political Treatise*)』

성경이 이야기하는 '진실'이란 미신에서 비롯된 것일세. 사람들을 순종하고 복종하게 만드려는 것이지.
진실한 믿음은 이해에 있네.
아마도…
하지만 칼뱅주의 정권은 무엇을 원하는가?
칼뱅주의자들은 오라녀* 가문을 왕위에 앉혀서 기독교 국가를 건설하고 싶어 하지.
하지만 국가의 목적은 자유에 있다네! 그리고 자유는 한낱 이야기책에서 나오는 것이 아니야!
그러므로 교회와 국가는 분리되어야 한다네!
하지만 자칫하면 공화국의 위기를 초래할 수도 있어!
국가 형태의 최상위는 바로 민주주의라네. 가장 이성적인 형태거든!

* 네덜란드 왕가.

자네의 이 생각을 책으로 남길 생각인가?
자유를 위해 얼마나 더 멀리 갈 생각인가? 자네는 이미 가난하고, 병들었어. 게다가 유대인 공동체에서 추방당하였지.
그리고 쿠에바흐가 당한 일을 생각해 보게. 그 친구는 자네만큼 급진적이지도 않았는데 그렇게 됐어.
친구들, 자네들 말이 옳아.
난 조심해야 할 필요가 있어.
내 《신학정치론》은 익명을 써서 출판해야겠어.

하지만 익명으로 써도 소용이 없었습니다.
스피노자는 이미 유명해진 상태였고, 사람들은 그 책이 스피노자가
쓴 책임을 금방 알아보았습니다. 매서운 마녀사냥이 뒤를 이었습니다.
스피노자는 국가의 적이자 반역자요, 반 기독교인으로 낙인이 찍혔습니다.

6장

극악무도한 야만!

이제 마흔 줄에 접어든 스피노자는 그동안의 시골생활에 싫증이 났습니다. 그리하여 헤이그 시의 화가 헨드릭 판 데르 스페이크의 집에 살게 되었습니다.
헨드릭, 정말 이래야 하는 건가요?
무얼 말하는가요?
왜 내 초상화를 그리는 건가요? 내 모습을 그림으로 남겨서 어디에 쓰시려고요.
사람들도 당신의 생김새가 어떠한지 알 권리가 있지 않습니까? 당신은 네덜란드 공화국에서 가장 논쟁거리를 몰고 다니는 인물 중 하나니까요.
웃기는 소리 하지 마세요. 사람들은 단지 반항하는 모습을 좋아하는 것뿐이죠.

《신학정치론》을 두고 사람들이 야단법석을 벌이는 것을 보셨잖아요?
음, 누가 나한테 뭐라 그럴까요? 일단 그 책을 내가 썼다는 증거가 없죠.
움직이지 마세요.
움직이지 마세요. 움직이지 마세요.
게다가 네덜란드어가 아닌 라틴어로 출간되었으므로, 저는 기소당할 염려도 없습니다.
오, 법망을 빠져나가는 법을 아시네요. 마치 당신 아버지가 남긴 빚을 피한 것처럼요, 그렇죠?
당신들 유대인들이란… 정말이지 똑똑한 민족이에요.

당신들 유대인이요? 무슨 말씀이신지?
오호! 마침내 당신 삶 속의 믿음을 버리기로 하신 건가요?
믿음 믿음
잘 들어요. 난 더 이상 유대인이 아니에요. 그리고 절대로 기독교인이 되고 싶은 생각도 없고요.
하하, 사람들이 당신을 위험한 인물로 여기는 데는 다 이유가 있군요.
본인에게 닥친 위기에나 신경 쓰는 게 더 나을 겁니다.
위기 위기
이미 외국들 사이의 전쟁이 끝났고... 그리고...
그러고 보니 밖에 무슨 소리가 들리는데요?

이 나라의 반역자!
요한 드 비트 죽어라!
요한 드 비트 죽어라!
코르넬리우스 죽어라!
감옥 문을 향해 가자!
저들을 잡아라!

역사는 1672년이 정치뿐 아니라 모든 면에서 재앙의 해였다고 기록하고 있습니다.

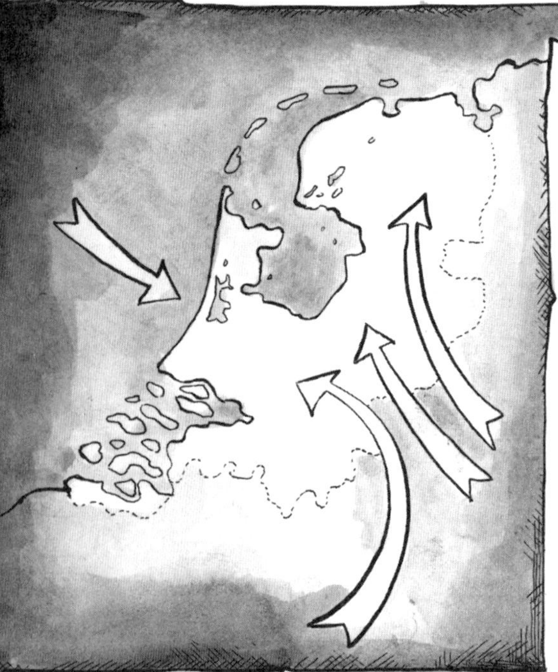

소국 네덜란드의 강력한 두 라이벌 국가였던 프랑스와 영국은 서로 앙금을 버리고 연합하여 네덜란드 공화국을 침략하였습니다.
거기에 독일의 뮌스터·쾰른 공국도 합세하였습니다.
네덜란드는 바다에서는 강국이었으나, 육지에서는 약소국에 가까웠습니다.
이미 내륙 동쪽에서는 프랑스와 독일의 뮌스터·쾰른 공국이 연합한 군대가 쳐들어오고 있었습니다.

네덜란드의 도시들은 혼란에 휩싸였습니다.

정부는 무력했고, 나라는 회복할 수 없이 망가졌으며, 사람들은 희망을 잃었습니다.

스피노자를 후원하고 교류를 맺었던 네덜란드의 재상인 요한 드 비트는 비난을 피할 수 없었습니다.
요한 드 비트가 감옥에 있던 그의 형제 코르넬리우스를 방문했을 때, 군주제를 지지하는 시민들이 그를 공격했습니다.
요한 드 비트와 코르넬리우스 형제는 그렇게 무참히 살해당했습니다.
그들의 시체는 갈기갈기 베어졌습니다.
시체는 승리의 상징처럼 일주일간이나 나무에 걸려 있었고, 동물들이 그 시체를 먹었습니다.

그 소식을 들은 스피노자는 평정심을 잃고 크게 분노했습니다.
요한 드 비트, 그분은 네덜란드 공화국의 상징인 자유와 관용 그리고 상업정신을 대표하는 인물이셨어!
어떻게 그런 일이!
어찌 감히 그런 일을!
무슨 일이에요, 아빠?
파렴치한 불한당들이… 정부인사들을 갈가리 찢었단다.
그리고 왕자와 판사, 배심원들은 그런 일이 있어도 내버려 두었지.
?
우리나라, 자유의 나라 네덜란드 공화국에서 벌어진 일이란다.
?!
우리가 행동으로 나서야 합니다!
스피노자, 무언가 계획이라도 있나요?

이 글귀를 감옥 문에 못질해 둘 겁니다.
모든 사람이 이 참상을 알게요!
"ultimi barbarorum*! (극악무도한 야만!)"
Ultimi barbarorum!
미쳤어요? 그러다간 다음 사냥감이 되고 말 겁니다.
그렇지 않아요!
저도 이렇게 나서고 싶지 않습니다. 하지만 이렇게 해야 합니다.
처음엔 우리엘 다 코스타가, 그리고 쿠에바흐가 당했습니다. 이제는 드 비트 형제까지… 모두 같은 생각을 하고 있을 거요. 차마 내뱉지 못할 뿐이지… 나는 그들이 자신의 생각을 당당히 말하게 하고 싶어요. 우린 그들의 죽음을 갚아야 해요.
혼자 가서 갈가리 찢기고 싶으면 그렇게 하시죠! 그건 뭐라 안 합니다. 하지만 그렇게 되면 저들이 나를 찾으러 올 거예요. 저는 당신에게 살 곳을 제공해 준 장본인이니까요.
내 아내와 아이들의 처지도 생각해 주시오.

판 데르 스페이크는 자신이 스피노자의 목숨을 구했다는 것을 직감했습니다. 그렇지 않았다면, 총독 빌럼 3세가 전국적으로 스피노자를 반대하는 캠페인을 벌였을지도 모릅니다.

* 라틴어.

스케이프닝언, 1673년

귀족들이 단지 그들과 다른 견해를 가졌고,
거짓을 말해서는 안 된다는 이유로
보통 사람들의 말을
금지하는 것보다
더 큰 비극을 상상할 수 있을까?

사람을 국가의 적으로 간주하고 다른 죄도 아닌 자유롭게 생각한다는 이유로
죽음에 몰아넣는 것만큼
악한 행동이 있을까.*

* 출처: 『신학정치론』

1년 후, 야리흐 옐러스와 암스테르담의 서점주인인 얀 리우베르츠가 스피노자를 만나러 판 데르 스페이크의 집에 방문했습니다.
베네딕투스, 무슨 생각을 하는 거야?
음, 뭘?
지금 생각에 빠져 있잖아.
벌써 1시 15분이군요.
그래 그래
아빠 저게 뭐예요?
어디 보자.
자, 받게.
하이델베르크 대학교에서 온 공문이네?
놔둬요, 아무것도 아닙니다.
스피노자 씨께, 귀하에게
하이델베르크 대학교의 교수직을 제안하는 바입니다!

말했잖소, 아무것도 아니라고.
아무것도 아니라고? 정말 훌륭하군요.
마침내 자네를 알아보는 곳이 생겼군!
콜록! 콜록! ···그래.
생각해 보시게, 멋진 기회야. 남은 평생 이곳에만 있을 셈인가?
WEG MET
이미 깊이 생각해 보았네.
하지만 이건 속임수가 분명해. 거기에 있으면 덜 위험할지는 몰라도.
그렇지만···

그렇지만? 이곳에는 여러분, 바로 나의 친구들이 있소.
그리고 이 자리에 없는 데 프리스와 쿠에바흐 그리고 이미 죽은 발링까지, 중요한 건 내 친구들과 내가 깊게 연결되어 있다는 거야.
그리고 하이델베르크에 가서 내가 무얼 하겠어? 내 일생에 한번도 공식 강의를 해보고 싶다는 야망 따위는 가진 적 없어.
그리고 대학에서는 내가 가진 사상을 전부 다 말할 수 없지.
그러나 나는 가지 않겠네.

하지만 하이델베르크에 가지 않겠다면 그냥 암스테르담으로 돌아와! 자네 건강이 급격히 나빠지고 있잖아. 우리가 돌봐줄 수 있네.
옐러스의 말이 옳아. 나의 인쇄소 윗방이 마침 비어 있네. 렌즈세공 일은 이제 그만 하시게. 우리한테 돈이 중요한 게 아니라는 거 잘 알잖는가.
친절하군. 하지만 내가 왜 이사해야 하지? 여기서도 충분히 잘 지내고 있다네.
그 말은…
자네는 우리가 필요하지 않다는 말인가?

자네들이 자주 찾아오는 게 나에게는 큰 기쁨이지.
하지만 자네들은 좀 더 나은, 다른 세계를 꿈꿔야 하네.
나의 몸은 이곳에 머물도록 내버려 두게. 난 지금 삶에 만족하네.
어리석은 사람아! 왜 자네는 희망을 버리는가.
희망이라고? 쿨럭 쿨럭
나에게는 새로운, 자유로운 형태의 나라를 꿈꾸는 희망이 있네.
하지만 위정자들은 돈과 권력에만 관심이 있지. 가난한 사람들의 처지는 더욱 나빠지고 있어. 억눌리고, 기만당하기만 할 뿐.

아니야, 이렇게 쫓겨난 채 살아가는 삶은 내가 꿈꾸던 미래가 아니었어.
하지만 난 결코 희망을 버리지 않았네. 난 아직도 책을 쓰고 있어!
우리랑 같이 계속 사실 거죠, 스피노자 아저씨?
그럼, 아저씨는 계속 이곳에 머물 거란다.
체크메이트*.

* 체스에서 킹이 어느 곳으로도 움직이지 못하는 상황이 되는것.(편집자주)

스피노자는 여생을
헤이그에서 지냈습니다.
Huygens
bene agere et laetare*

* 라틴어. "선을 행하고 기뻐하라."(역주)

그리고 그곳에서 인생의
역작을 완성했습니다!
Ethica
에티카

7장

영원의 빛 속에서

암스테르담, 1675년

NT MARTELAERSBOECK
금세기 가장 위험한 인물이 여기 오는군!
얀 리위에르츠! 이 나라에서 가장 용감한 출판인이여!

들어오시게.
여기 있네, 내 인생의 걸작이야!
완성하는 데 14년이 걸렸네.
한번 보지.
에티카*
야심이 넘치는 제목이군!

* 원제는 『기하학적 질서로 증명된 윤리학(*Ethica, Ordine Geometrico Demonstrata*)』

5개의 장으로 되어 있군.
마치 토라처럼
바로 그렇다네!
복잡한 정의들과 공식들이 가득 차 있구먼 나로서는 도통 이해가 되지 않네만.
자, 내가 천천히 설명해 주겠네.

확실히 야심 넘치는 제목이야, 하지만 책 역시 야심으로 가득 차 있네.
신과 인간 그리고 행복으로 가는 길에 관한 책이지.
사실상 모든 걸 다루는군.
바로 그렇지.
공리와 정리들을 사용해서 바늘 하나만큼의 오류도 없도록 했다네.
내 논지들이 기하학적으로 정확하게 맞아떨어지길 바라거든.
근데 우리 새 시청관사는 어떤가? 나쁘지 않지?

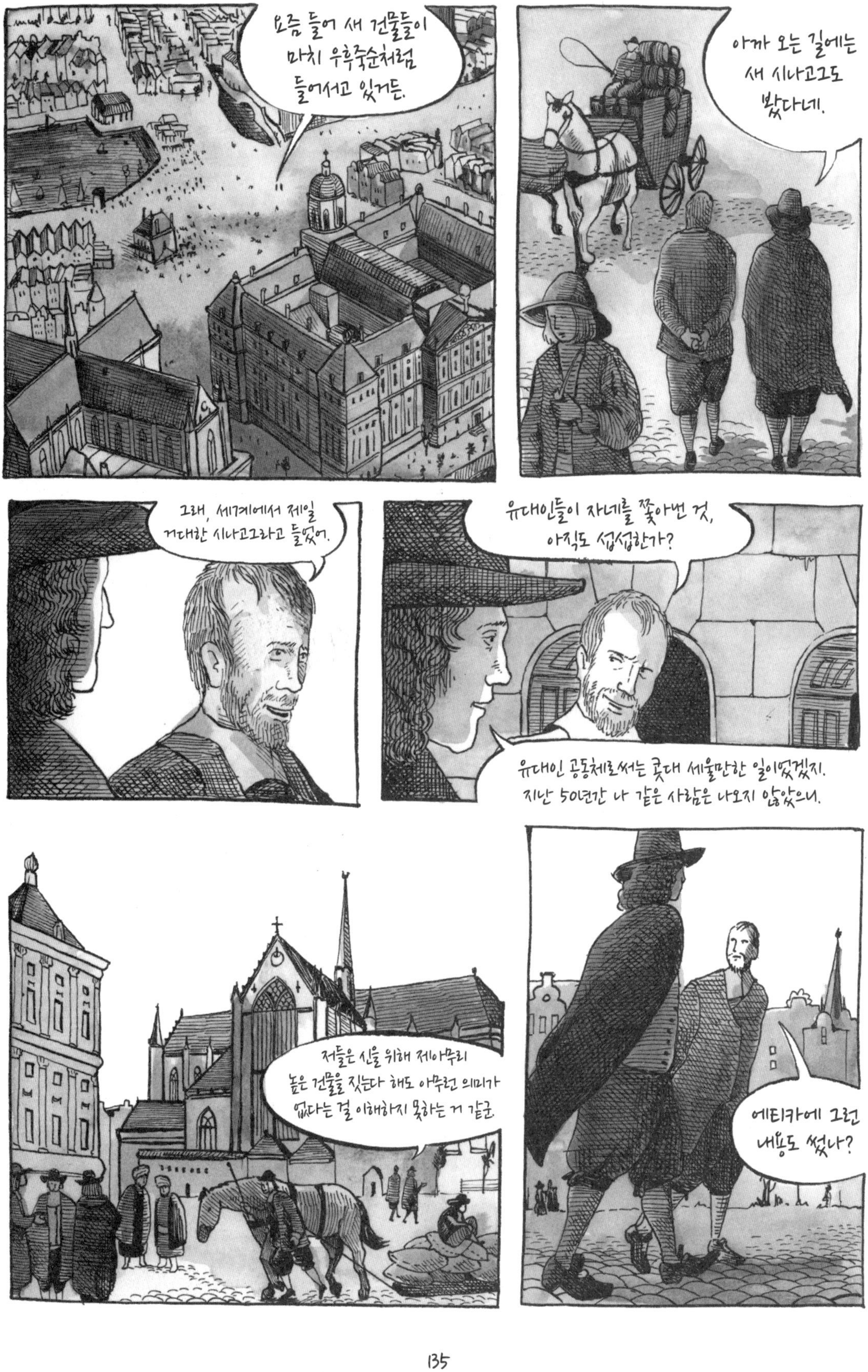
요즘 들어 새 건물들이
마치 우후죽순처럼
들어서고 있거든.
아까 오는 길에는
새 시나고그도
봤다네.
그래, 세계에서 제일
거대한 시나고그라고 들었어.
유대인들이 자네를 쫓아낸 것,
아직도 섭섭한가?
유대인 공동체로서는 콧대 세울만한 일이었겠지.
지난 50년간 나 같은 사람은 나오지 않았으니.
저들은 신을 위해 제아무리
높은 건물을 짓는다 해도 아무런 의미가
없다는 걸 이해하지 못하는 거 같군.
에티카에 그런
내용도 썼나?

그래, 신이 자연과 같다는 것,
모든 일은 마치 물리법칙처럼 발생한다는 것,
내가 이전에 말했듯이 우리에게 자유의지란 없다네.
차라리 필연적이라 해야겠지.
하지만 자네는 책을 쓰기로 '결심'했지.
그리고 난 그 책을 출판하기로 '결정'했고.

물론 그렇지. 하지만 그 이외의 다른 것은 선택할 수 없네. 과거 우리의 행적에 따른 논리적인 귀결이야.
이 돌이 보이나?
이 돌은 대자연의 법칙에 따라 상황을 정확하게 설명하기 위해 선택을 받아 이 담락 광장에 놓이게 된 걸세.
자네와 나처럼 말이야.

그리고 우리는 우리에게 주어진 상황에 따라 주어진 길만을 갈 뿐이야. 목표를 추구하는 게 아닐세.
하지만, 목적을 가진 것들은 어떻게 하고? 하나님께선 우리에게 볼 수 있는 눈과 사과나무 하나를 주셨지. 그래서 사람이 가서 따먹을 수 있는 것 아닌가?
아니야. 그건 다르지.
우리는 우연히 눈이 있어서 보았고, 사과가 거기 있으니까 먹은 거야.
신의 모든 계획과 의도는 사람의 발명일세!

그리고 사람은 너무 목적만을
추구해서는 안 되네.
돈이나 맛있는 사과, 아름다운 아가씨들을 따라가다
보면 독립적인 사고를 할 수 없게 되지.
자신이 원하는 것만 추구하고,
만족을 얻으려 애쓰게 될 걸.

여기 오니 옛 생각이 나는 군, 상인 시절의 나는 이곳 시장에서 돈을 벌기 위해 미친 듯이 뛰어다녔지. 시장 바닥 이곳저곳을 누비며 말이야.
하지만 난 결국 커다란 낙담만을 맛보았다네.
자, 보라고. 감각적인 쾌락만을 좇는 이는 마치 거친 바다 위의 배와 같다네.
세찬 파도가 불면 이리저리 흔들릴 뿐이지.

아무것도 즐기지 않는 금욕적인 삶을 살라는 말이 아닐세. 오히려 그 반대지. 영원의 빛 안에서의 본질을 찾아보시게. 그럼 거친 폭풍우 속에서도 평화가 찾아올 것이니.
열정과 감정을 배제하게.
물론 쉽지 않은 일이야.
하지만 어렵고 힘든 만큼 그 가치가 있지.
영원의 빛이라.

다른 예를 들어서 다시 설명해 보겠네. 저 빗방울들은 어디서 오는 것인가?
당연히 구름에서부터 오지.
그전에는?
바다에서 하늘로 올라온 것이지. 그리고는 다른 여러 곳으로 떨어진다네.
맞네. 모든 것은 똑같이 커다란 바다에서부터 시작된 것이지.

자, 이 포괄적인 커다란 바다야말로 영속성이며,
존재와 지성, 필연성이 공존하는 실재이지.
바로 신이야!
그리고 당신과 나는 빗방울들이라네. 커다란 실재의 일부분이야.

이것을 완전히 자각한 사람이
진정 자유로운 사람이네.
평정심과
축복을 얻은 사람이지.

그런 이야말로
남을 나처럼 사랑할 수 있다네.

왜냐하면 남이 나이기 때문이지. 이해가 되는가? 결국엔 둘 다 커다란 바다에서 나온 두 개의 물방울이거든!

그리고 자유로운 사람은 죽음도 그 무엇도 두렵지 않네.

물방울이 바다에 떨어지기를 두려워하던가?

에 필 로 그

평온함 속에서 떠나다

스피노자는 자신과 얀 리우베르츠에 가해지는 위협 때문에 1675년 에티카의 발행을 중단하기로 결정했습니다.

집필은 계속하였으나, 어릴 때부터 고질적으로 앓아왔던 병이 점점 극심해졌습니다.

1677년 2월 21일에 스피노자의 신실한 친구이자 의사인 로데베이크 메이어르가 병상에 누운 그를 찾아왔습니다.

몸은 어떤가?
오래갈 것 같지 않네, 메이어르.

자, 들으시게. 내 책상에 가 보면 내가 쓴 원고들이 있어.
나의 벗들에게 남겨줄 것이라고는 그게 전부라네.
난 마치 자기 꼬리를 무는 뱀 같아. 글 쓰는 것 이외에 다른 것들에는 관심을 두지 않았지.
내 장례식은 신실하게 진행되길 바라네.
내 유산은 내 사상뿐이라네. 나의 사상들이 잘못된 곳에 쓰이지 않도록 주의를 기울여 주시게. 알겠는가?
물론이네, 베네딕투스.

콜록
콜록, 콜록
사람들이 내 사상을 연구하도록 해 주게나,
내가 발견한 것들을 사람들이 알 수 있도록 말이지.

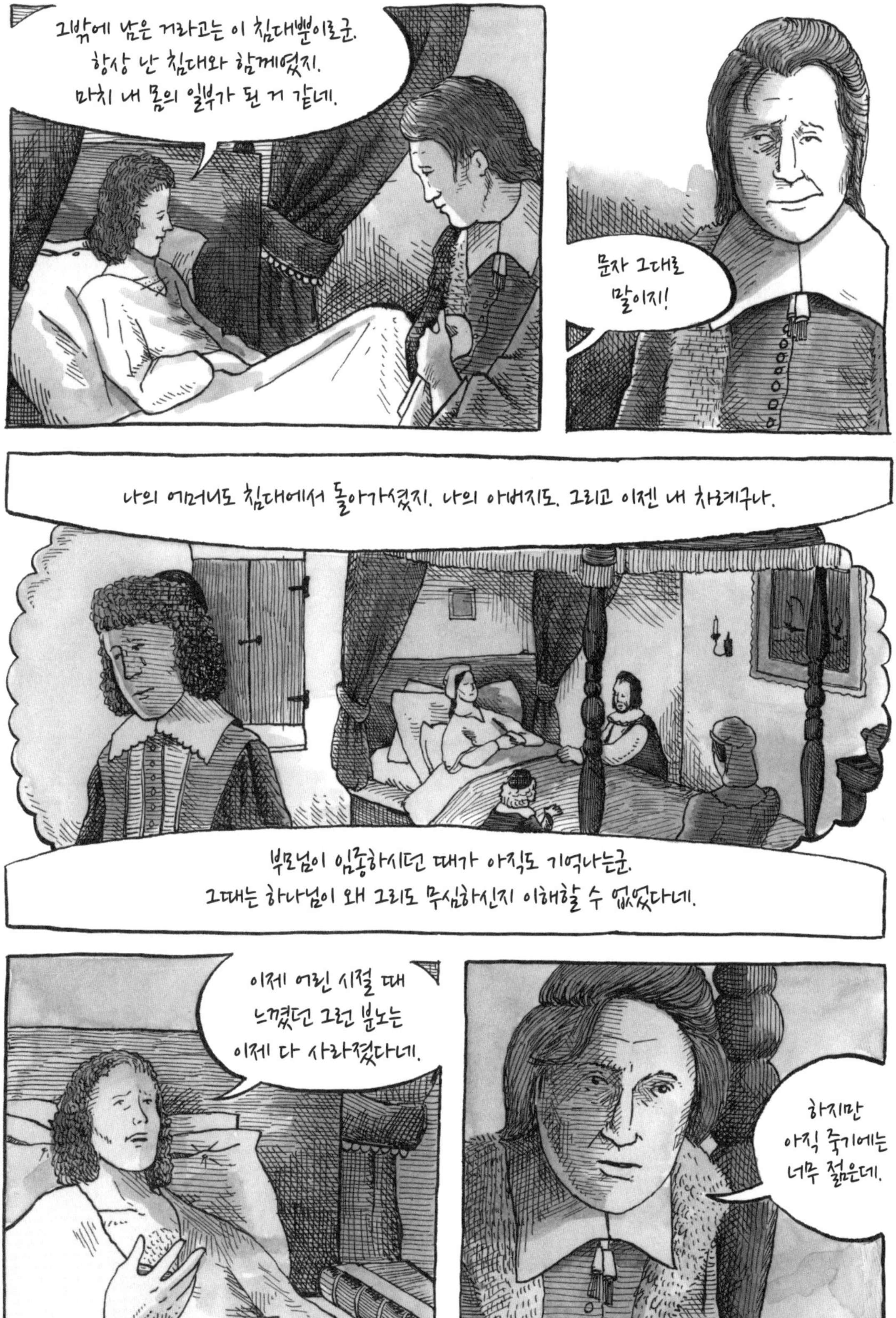
그밖에 남은 거라고는 이 침대뿐이로군.
항상 난 침대와 함께였지.
마치 내 몸의 일부가 된 거 같네.
문자 그대로
말이지!
나의 어머니도 침대에서 돌아가셨지. 나의 아버지도. 그리고 이젠 내 차례구나.
부모님이 임종하시던 때가 아직도 기억나는군.
그때는 하나님이 왜 그리도 무심하신지 이해할 수 없었다네.
이제 어린 시절 때
느꼈던 그런 분노는
이제 다 사라졌다네.
하지만
아직 죽기에는
너무 젊은데.

사람이 그 마음속에 지식을 많이 품을수록,
신에 대한 사랑은 커져만 가지.
그렇게 해서 죽음에 대한 두려움은 사라져 간다네.

같은 해, 스피노자의 유작들이 그의 고향인 암스테르담에서 발표되었습니다.

그가 죽은 후 19세기가 될 때까지, 스피노자라는 이름은 '위험한 무신론자'들의 상징으로 여겨졌습니다.
하지만 오늘날 스피노자는 계몽의 선구자이자 선견지명을 가진 사람으로 추앙받고 있습니다.
또 그의 사상은 교회와 시나고그를 넘어서 최상의 신성을 향한 믿음의 초석과 발판을 마련해 주었습니다.

바루흐, 벤토, 베네딕투스 데 스피노자는 칸트나 헤겔, 니체, 마르크스, 프로이트와 아인슈타인의 업적에 필적하는 사상가로서 사후 350년이 지난 오늘날까지도 큰 영향력을 미치고 있습니다.

스피노자의 일대기

1632년	11월 14일 암스테르담의 하우트흐라흐트(Hout-gracht, 현재 즈바넌뷔르흐발(Zwanenburgwal))에서 태어나다.
1635~1636년(2~3세)	유대인 공동체 내에 격렬한 분쟁이 일어난다.
1638년(5세)	어머니가 세상을 떠난다.
1640년(7세)	위리엘 다 코스타가 긴 추방생활 후 유대인 공동체에 다시 들어갈 수 있도록 허락을 받는다. 하지만 곧 자살로 생을 마감한다.
1639~1646년(6~13세)	에츠하임(Ets Chaim) 학교를 방문한다.
1646~1649년(13~16세)	랍비 모르테라의 예쉬바를 방문한다.
1649년(16세)	형인 이삭이 세상을 떠나고 아버지의 유업을 이어받는다.
1650년(17세)	언어, 과학과 수학을 공부하다 데카르트의 철학을 접하게 된다. 그즈음 자유 세례파들과 콜리지안트 파를 가르치게 된다.
1654년(21세)	아버지가 세상을 떠난다. 스피노자는 프란시스쿠스 판 덴 엔덴 박사를 알게 된다.
1655년(22세)	시나고그로부터 이단으로 판정을 받는다.
1656년(23세)	7월 27일 유대인 공동체로부터 추방을 당하고 프린시스쿠스 판 덴 엔덴 박사의 라틴어 학교의 입학하게 된다. 렌즈세공 기술을 배운다.
1657년(24세)	고유의 사상을 정립하여 『소론』(『신, 인간, 그리고 인간의 행복에 관한 소론』)을 쓴다. 스피노자 주변으로 지지자들이 모이게 된다.
1661년(28세)	레인스뷔르흐(Rijnsburg)로 이사간다. 『에티카』의 집필을 시작한다. 영국왕립학회의 헨리 올덴뷔르흐가 스피노자를 방문한다. 스피노자가 죽을 때까지 둘은 계속해서 서신을 통해 교류를 유지한다.

1663년(30세) 포르뷔르흐(Voorburg)로 이사하고 『데카르트 철학의 원리』를 출간한다.

1665년(32세) 사비타이 제비(Shabbetai Zvi)가 메시아임을 자칭하며 나타난다. 스피노자는 정치적인 문제에 휘말리지 않기 위해 『에티카』의 집필을 잠시 중단한다*. 지병인 폐결핵이 더 나빠지다.

1667년(34세) 프랑스의 루이 14세가 에스파냐령 네덜란드에 침략한다.

1668년(35세) 가까운 후원자 중 하나인 아드리안 쿠어바흐가 소송에 휘말린다. 그 후 세상을 떠난다.

1669년(36세) 헤이그로 이사한다.

1670년(37세) 『신학정치론』을 익명으로 출판하여 이를 둘러싼 논란을 피한다.

1672년(39세) 재앙의 해. 프랑스, 영국과 뮌스터·쾰른 공국이 합세하여 네덜란드 공화국과 전쟁을 벌인다. 드 비트 형제가 성난 군중에 의해 살해당한다.

1673년(40세) 하이델베르크 대학교로부터 교수직을 제안받는다. 우트레흐트(Utrecht)의 프랑스군 주둔지를 방문한다.

1674년(41세) 『신학정치론』 이 금지된다.

1675년(42세) 『에티카』를 완성한다. 암스테르담에는 세계에서 가장 큰 시나고그가 세워진다.

1677년(44세) 2월 21일 세상을 떠난다. 암스테르담에 거주하던 친구들이 『에티카』, 『신학정치론』, 『지성개선론』, 『정치학』, 『히브리어 문법』 등 그의 유작들을 출간한다.

* 이보다는, 정치적 문제에 맞서서 『신학정치론』을 집필하기 위해 『에티카』 집필을 잠시 중단하였다고 보아야 할 것이다.(감수자주)

등장인물

미카엘 데 스피노자 Michael de Spinoza (1588~1654년)

스피노자의 아버지. 포르투갈에서 태어나 8살이 되었을 무렵에 종교재판을 피해서 아버지 이삭과 함께 낭트(Nantes) 혹은 로테르담(Rotterdam)으로 망명한다. 그리고 1623년에 미카엘은 암스테르담으로 이사한다. 1627년에 첫 번째 아내가 사망하고, 1년 후 한나 드보라 시니어(Hannah Deborah Senior)와 결혼한다. 한나와의 사이에는 미리암(1629년생), 이삭(1630년생), 바루흐(혹은 벤토, 1632년생) 그리고 가브리엘(혹은 아브라함, 1634~1638년 사이에 출생) 네 아이를 낳았다. 첫 번째 부인 사이에서 낳은 딸인 레베카도 있다. 가족이 점점 그 수를 더함에 따라 유대인 공동체 안에서의 그의 입지도 커져만 간다. 미카엘은 포르투갈의 알가르베(Algarve)에서 수입한 견과류와 과일들을 파는 성공한 상인이었다. 그러나 1638년 재정적인 문제가 터진 이후에 경제적인 어려움을 겪는다. 스피노자가 21살이었을 때 앞서 세상을 떠난 스피노자의 어머니 한나와 큰형과 누이와 마찬가지로 폐결핵으로 세상을 떠난다. 그의 죽음 이후 가브리엘과 스피노자가 그 가게를 이어받는다.

이삭 아봅 다 폰세카 Isaac Aboab da Fonseca(1605~1693년)

포르투갈 출신의 랍비. 1612년 프랑스에서의 짧은 거주 이후에 가족이 암스테르담으로 망명을 온다. 카발라에 큰 관심이 있고, 삼십대 중반 무렵 믿음에 대해 좀 더 급진적인 생각을 가지고 있던 랍비 모르테라와 격렬한 논쟁을 벌인다. 1642년에 네덜란드령이었던 브라질로 이사 가서 그곳에 정착해 살던 암스테르담 출신 유대인들의 랍비가 된다. 그는 남북 아메리카를 통틀어 첫 번째 랍비이다. 암스테르담에는 1653년 돌아와 1660년 최고 랍비가 된다. 그러다 1665년 말에 거짓 메시아인 사비타이 제비의 추종자가 된다. 1670년에는 대공회당의 건설의 초석을 다지는데 그 공회당은 현재에도 존재하고 있으며 입구에 랍비 아봅의 이름이 새겨져 있다.

사울 레비 모르테라 Saul Levi Mortera(1596~1660년)

스피노자의 어린 시절 스승으로 베니스의 아슈케나짐 출신이다. 1616년에 암스테르담에 정착한다. 그곳에서 최고 랍비가 되고 마흔 살 무렵부터는 국제적 명성을 얻는다. 유대법에 관련해 외국의 랍비들을 지도했으며 기독교 문학과 중세 철학, 이탈리아 인문학에 대한 조예가 깊고 기독교도들과 그에 관련한 지성적인 대화를 나누기도 한다. 포르투갈에 있는 스페인 출신 유대인 공동체에서 연설하지만, 마라노(스페인이나 포르투칼에서 박해를 벗어나기 위하여 기독교로 개종한 유대인들)에게는 단호한 모습을 보인다. 스피노자에게는 엄하지만 자애로운 스승이다.

위리엘 다 코스타 Uriel da Costa(1585~1640년)

가브리엘 다 코스타(Gabriel da Costa) 혹은 위리엘 아코스타(Uriel Acosta)로도 알려져 있다. 스피노자에게는 선구자적인 인물. 유대인 공동체에서 추방된 자유사상가. 포르투갈의 마라노 상인 가족 출신이다. 가톨릭 식의 교육을 받았으나, 이십대가 되었을 때 유대교로의 회귀를 결심한다. 1612년 암스테르담으로 망명을 와서 젊은 스페인 출신 유대인 공동체의 일원이 된다. 하지만 그의 자서전에 따르면 며칠 지나지 않아서 유대법에 실망을 하게 되었다고 한다. 1616년에는 함부르크에서 유대법에 반대하는 생각을 담은 책을 출판한다. 암스테르담으로 돌아온 이후, 그는 유대 의식법과 예배법에 대해 계속 조롱하고, 유대인 공동체로부터 추방을 당한다. 그리고 7년 정도 지난 후, 가난하고 비참해진 다 코스타는 회개하고 유대인 공동체로의 복귀를 요청한다. 그러나 민중들 사이에서의 조롱을 받은 며칠 후 수치심을 못 이겨 자살한다. 위리엘 다 코스타의 가족은 스피노자와도 인연이 있다. 영혼불멸설과 토라가 인간이 만들어 낸 것이라는 위리엘의 생각은 스피노자에게 영구적인 영향을 미친다.

야러흐 옐러스 Jarig Jelles(대략 1620~1683년)

스피노자보다 나이는 많지만 가장 절친한 친구이다. 쉰 살이 될 무렵에는 철학자들 사이에 형성된 '스피노자 모임'의 리더로 활동하기도 했다. 그 모임에는 시몬 데 프리스와 얀 리우베르츠, 피터르 발링이 같이 활동했고, 그후에는 쿠어바흐 형제와 로드베이크 메이어르, 그리고 요하네스 바운메이스터르도 합류했다. 식료품점 상인이었던 옐러스는 스피노자의 친구들 사이에서 학식이 가장 낮았고, 대학을 나오지 않았으며 라틴어를 알지 못했다. 그리고 종교적인 면에서 전통적인 인물이었다. 1673년에는 기독교와 스피노자의 사상을 결합한 책을 썼고 1684년 얀 리우베르츠가 그 책을 출판하였다.

프란시스쿠스 판 덴 엔덴 Franciscus van den Enden(1602~1674년)

스피노자의 멘토이자 스승. 벨기에 안트베르펜(Antwerpen)에서 태어나 철학과 고전문학, 그리고 신학을 공부했다. 의학박사 학위를 따고 1645년에는 암스테르담에 정착했다. 그곳에서 예술책 서점을 열었으나 7년 후에 파산하였다.
암스테르담 싱헬(Singel) 지구에서 라틴어 학교를 열었고, 1655년 스피노자가 그의 강의를 들으러 학교로 왔다. 그후 야러흐 옐러스, 시몬 데 프리스와 얀 리우베르츠 등이 그의 수업을 들었다. 판 덴 엔덴은 교회와 정치의 엄격한 분리와 함께 급진적 민주주의를 주장하였고 시민 정치와 법적 동등성, 그리고 종교와 표현의 완전한 자유를 주장하며 책으로 썼다. 그의 모든 사상은 스피노자의 정치론에 담겨 있다. 1671년에 파리로 이사하고 나서 또 라틴어 학교를 설립하였다. 1674년에는 프랑스 공화국에 대항하는 음모에 연루되었고, 스파이로 몰려 죽음을 당하였다. 그의 사상은 스피노자가 유대인 공동체에서 나온 후 지적으로 성장하는 데 중요한 영향을 끼쳤다. 스피노자의 천재성 뒤에는 그가 있으며 스피노자의 시조라고도 불린다.

가브리엘 데 스피노자 Gabriel de Spinoza(1634 ~ 1638년 사이에 출생)

아브라함 데 스피노자. 스피노자의 남동생. 스피노자와 함께 아버지의 유업을 물려받았다. 스피노자가 추방되고 난 후에 가브리엘은 혼자 힘으로 회사를 운영했으며 형과는 연락하지 않았다. 1665년에는 영국령 서인도로 이사해서 바베이도스와 자메이카의 네덜란드-유대인 회사들의 대표가 되었다. 1671년에는 영국 시민이 되었으며 다시는 네덜란드로 돌아가지 않았다.

클라라 판 덴 엔덴 Clara Maria van den Enden(대략 1644년 ~?)

스피노자의 스승인 판 덴 엔덴 박사의 장녀. 라틴어와 음악을 전공하였고 아버지의 어린 제자들을 가르쳤다. 스피노자의 연구자이자 전기를 쓴 코렐루스에 따르면 스피노자는 클라라와 사랑에 빠졌고 그녀와의 결혼을 원했다고 한다."유약한 클라라의 성격에도 불구하고 스피노자는 그녀의 재치와 훌륭한 지성에 반했다." 스피노자의 연애에 대해서 알려진 건 이것이 유일하다. 그리고 사실이 아닐 가능성도 있다. 스피노자가 판 덴 엔덴 박사 밑으로 들어왔을 때 그는 25살이었고 클라라는 갓 13살이었다.

코렐루스에 따르면 스피노자의 동료 학생이자 나중에 유명한 무정부주의자가 되는 데르크 케르크링크(Dirck Kerckrinck)가 그녀에게 호감을 품고 진주 목걸이를 선물해서 마음을 얻는다고 한다. 그 이야기가 사실인지 아닌지는 밝혀진 바 없지만 1671년 데르크 케르크링크와 결혼한다.

아드리안 쿠어바흐 Adriaan Koerbagh(1632~1669년)

의사이자 변호사, 정치와 종교에 대한 급진적인 사상가. 레이던 대학교에서 공부하였고 그곳에서 스피노자를 만났다. 이들은 서로에게 영향을 끼쳤다. 그의 형인 얀 쿠어바흐와 더불어 급진적인 문학 작가로 알려져 있다.

쿠어바흐는 종교 모독으로 기소된 목사들의 명예 회복을 주장하였고, 감옥의 거친 환경을 견디지 못하고 죽었다. 그 사건은 스피노자가 『신학정치론』을 출판하는 데 영향을 준다.

시몬 유스턴 데 프리스 Simon Joosten de Vries(1634~1667년)

스피노자의 헌신적인 친구 중 하나. 부유한 메노나이트(Mennonite), 종교개혁기에 등장한 개신교 종파 가정에서 자랐다. 스피노자는 시몬 데 프리스와 그의 가족과 깊은 유대관계가 있었고, 시몬뿐 아니라 그의 누이와 형제도 스피노자를 경제적으로 지원하였다. 시몬이 죽을 무렵 스피노자가 그의 유일한 상속인이 되길 바랐으나 드 프리스 가족과 관련이 없다는 이유로 성사되지 못했다.

로더베이크 메이어르 Lodewijk Meyer(1629~1681년)

암스테르담의 예술책 서점 출판인. 부유한 루터교 집안에서 자랐다. 예술과 문학뿐 아니라 종교에도 관심이 많았고, 스피노자의 친구 모임에는 가장 나중에 가입하였다. 다른 친구들이 스피노자를 추종한 데 반해 메이어르는 스피노자에 대해 동정적이었다.

1665년에서 1669년까지 암스테르담 시립 극장의 감독을 맡았고, 문학클럽인 닐 볼렌티부스 아르덤(Nil Volentibus Arduum)을 형성했다. 데카르트에 관한 스피노자의 책 출간을 후원했고, 메이어르의 책인 『Philosophia S. Scriptura interpres』는 스피노자의 『신학정치론』과 더불어 출판금지를 당하였다. 스피노자를 경제적으로 지원하였고, 죽을 때까지 치료를 도왔다. 스피노자의 죽음을 지켜보았고, 스피노자의 유작이 출판될 때에도 책임지고 활동하였다.

얀 리우베르츠 Jan Rieuwertsz(1616~대략 1685년)

스피노자의 신실한 친구이자 출판인. 판 덴 엔덴의 책들과 더불어 논란의 중심에 있던 스피노자의 책, 그리고 스피노자의 제자인 피터르 발링의 책들을 출판하였고, 데카르트의 사상을 네덜란드어로 번역한 책을 출판하였다. 그의 서점은 암스테르담에 살던 스피노자 후원자들과 다른 자유사상가들의 만남의 장이 되었다.

헨리 올덴뷔르흐 Henry Oldenburg(대략 1620~1677년)

브레멘에서 태어난 신학자이자 외교가. 1639년 이후에 영국으로 이사하였다. 영국 왕립학회의 설립자이자 리더이다. 올덴뷔르흐는 1661년의 여름 스피노자를 방문하였고, 그 후 일생 동안 서신을 통해 교류하였다. 그리고 제2차 영국-네덜란드 전쟁(1665~1667년) 때 올덴뷔르흐가 반역 혐의로 감옥에 갇히기 전까지도 계속해서 서신을 나누었다.
1675년에 스피노자와 헨리는 다시 편지 교류를 재개하였다. 올덴뷔르흐는 수감 기간 동안 아내를 잃었고, 흑사병으로 재정적 어려움을 겪었다. 이로 말미암아 그는 종교에 대해 더 보수적인 입장을 취하게 되었고 스피노자의 『신학정치론』에 담긴 사상에 대한 우려를 드러내었다. 올덴뷔르흐와 스피노자가 서로 교환한 편지들을 통해 스피노자에 대한 많은 것을 알 수 있다.

헨드릭 판 데르 스페이크 Hendrik van der SPIJCK

스피노자의 생애 말기를 보냈던 곳의 집주인이었다. 화가이자 집안 내부 설계업자로도 활동하였고 초상화도 그렸다. 일곱 아이를 둔 커다란 루터교 가족을 거느리고 있었으며 드 비트 형제가 살해당했을 때, 스피노자의 행동을 제재하였다.
헤이그의 니유 케르크(Nieuwe Kerk)에서 열린 스피노자의 장례식을 주관하였고, 스피노자의 자서전을 쓴 코렐루스에게 많은 정보를 주었다.

요한 드 비트 Johan de Witt(1625~1675년)

17세기 네덜란드 황금기의 위대한 최고지도자. 비트의 지도하에 네덜란드는 1654년 영국-네덜란드 전쟁 하에서도 평화를 유지하였고, 1650~1672년을 번성한 시기로 이끌었다. 드 비트는 나라의 경제를 번영시켰을 뿐 아니라 강력한 해군함대를 이끌었고, 1665년 영국과의 전쟁에서도 승리했다. 하지만 1672년 네덜란드 전쟁의 결과, 요한 드 비트와 그의 형제 코르넬리우스는 헤이그에서 성난 민중의 습격을 받아 죽게 된다.
스피노자와 드 비트는 특히 개신교도들의 공공의 적이었다. 그들은 네덜란드 공화국을 자유와 관용의 국가로 이끌고자 하는 사상을 공유하였으나 스피노자와 달리 드 비트는 민주주의자는 아니었고 실용적인 자유주의자였다. 드 비트가 스피노자의 『신학정치론의 출판』을 도왔다는 말이 전해지나, 이 둘은 친구는 아니었을 가능성이 크다.

CAUTE

맺음말

이 책을 쓰면서 역사적인 사실들을 가능한 한 많이 따르려 애썼으나, 몇몇 부분에, 특히 스토리의 연대 부분에 약간의 자유성을 부여하였다는 점을 밝힙니다. 그리고 스피노자의 일생에서 일어난 특정 사건이나 인물들 중에서도 그의 철학 사상과 관련이 있는 인물들을 중심으로 그려내서 그의 사상에 집중하고자 하였습니다. 역사책을 보면 그의 연대기나 일대기적인 자료가 더 자세하고 정확하게 드러나 있습니다만, 스피노자의 철학에 관해 글을 쓰다 보니 좀 더 단순화되었습니다. 스피노자의 철학에 대해 더 깊이 읽고 싶은 분들은 헤르먼 드 데인의 책 『스피노자를 읽기(*De uitgelezen Spinoza*)』를 먼저 일독하시길 권합니다.
이야기를 구성하면서 몇몇 전기들을 참고하였습니다. 특히 스티븐 나들러의 『스피노자』, 레베카 골든스테인의 『배신당하는 스피노자(*Betraying Spinoza*)』, 그리고 턴 드 프리스의 『축복받은자(*De Gezegende*)』를 참고하였습니다.
재앙의 해인 1672년에 대한 정보는 톰 룹 엔 코 로어라커르의 『제로부터 지금까지(*Van nul tot nu*)』에 담긴 생각을 인용하였습니다.

야론 베이커스 *Jaron Beekes*

글·그림 야론 베이커스 Jaron beekes

1982년생. 네덜란드의 일러스트레이터. 암스테르담 자유대학에서 문화연구학을, 우트레흐트 아트 스쿨에서 일러스트레이션 디자인을, 그리고 헤릿 리트펠트 아카데미(Gerrit Rietveld Academi)에서 이미지와 언어학을 공부했다. 잡지나 포스터, 전단지 등을 위한 일러스트레이션 작업을 하였으며 네덜란드 잡지 〈폴리아〉에서 주간 카툰을 연재하였고, 〈뉴 이스라엘 주간지(het Nieuw Israëlitisch Weekblad)〉와 유대인 방송국과 〈메트로폴리스 M〉에서 프리랜서 리뷰어로 활동하기도 했다.

옮김 정신재

한국외국어 대학교 네덜란드어과 졸업. 네덜란드 레이덴 대학교에서 수학했으며 현지에서 아동서 및 청소년 물을 검토해 국내에 소개하기도 했다. 현재 번역 에이전시 엔터스코리아 출판기획 및 네덜란드어 전문 번역가로 활동 중이다.

주요 역서로는 『화수목금토일 친구를 구합니다』, 『신나고 재미난 과학 학교: 독성 물질편』, 『신나고 재미난 과학 학교: 기후편』, 『신나고 재미난 과학 학교: 미생물편』, 『누구나 공주님』,『나는 두 집에 살아요』, 『태어나고 태어나고 또 태어나고』, 『오오오 오페라』 등 다수가 있다.

감수 서동욱

벨기에 루뱅 대학 철학과에서 박사 학위를 받았다. 현재 서강대 철학과 교수이며, 계간 『세계의 문학』 편집위원으로도 활동하고 있다. 지은 책으로 『차이와 타자—현대 철학과 비표상적 사유의 모험』, 『들뢰즈의 철학—사상과 그 원천』, 『일상의 모험—태어나 먹고 자고 말하고 연애하며, 죽는 것들의 구원』, 『익명의 밤』, 『철학연습—서동욱의 현대철학 에세이』, 『싸우는 인문학』(공저), 『미술은 철학의 눈이다』(공저) 등이 있고, 시집으로 『랭보가 시쓰기를 그만둔 날』, 『우주전쟁 중에 첫사랑』 등이 있다. 옮긴 책으로는 들뢰즈의 『칸트의 비판철학』, 『프루스트와 기호들』(공역), 레비나스의 『존재에서 존재자로』 등이 있다.

이 도서의 국립중앙도서관 출판시도서목록(CIP)은 서지정보유통지원시스템 홈페이지(http://seoji.nl.go.kr)와
국가자료공동목록시스템(http://www.nl.go.kr/kolisnet)에서 이용하실 수 있습니다. (CIP제어번호:CIP2014030400)

스피노자: 그래픽평전

초판 1쇄 발행 2014년 11월 5일
초판 2쇄 발행 2014년 12월 25일

글·그림 야론 베이커스
옮김 정신재
감수 서동욱
펴낸이 윤미정

편집 박이랑
홍보 마케팅 하현주
디자인 김영주

펴낸곳 푸른지식 **출판등록** 제2011-000056호 2010년 3월 10일
주소 서울특별시 마포구 월드컵북로 16길 41 2층
전화 02)312-2656 **팩스** 02)312-2654
이메일 dreams@greenknowledge.co.kr
블로그 www.gkbooks.kr

ISBN 978-89-98282-17-2 03100